Inglés ¡de una vez!
© Dreamstime.com de todas las fotografías de interiores.
Diseño de cubierta: Natalia Urbano
Diseño de interiores: Francisco Guijarro

Primera edición (1a. edición), Noviembre 2015
D. R. © 2015, AMERICAN BOOK GROUP

D. R. © 2015, derechos de la presente edición en lengua castellana:
American Book Group
5959 Blue Lagoon Drive, Suite 314
Miami, FL 33126

ISBN: 978-1-681650-25-8

Impreso en Estados Unidos

INGLÉS
¡DE UNA VEZ!

¡Accede al contenido extra del curso!
Visita www.MariaGarcia.us

Introducción

¿Quieres un curso fácil, rápido y directo? Que te enseñe todo lo que has de saber en poco tiempo y de una forma entretenida. ¡Ya tienes en tus manos el curso que andabas buscando!

"Inglés, ¡de una vez!" es el curso de inglés definitivo para quienes quieren aprender lo básico del idioma inglés de una vez por todas. No malgastes tiempo ni dinero en cursos largos y pesados que no funcionan. Tu tiempo es oro y tu dinero… ¡te ha costado ganarlo! ¿Verdad que es así?

Pues te hemos preparado un curso bien práctico, rápido y ¡a un precio increíble! Presta atención a todo lo que te estás llevando:

- Un completo libro ilustrado con el que te enseñamos más de 1.000 palabras y frases esenciales en inglés, agrupadas en 50 temas y situaciones cotidianas. Si sabes esto, ¡sabes suficiente para defenderte en inglés!

- 50 audios online muy completos, en los que escucharás las 50 clases en cualquier momento y lugar. Aprenderás a pronunciar correctamente las palabras y las frases que te enseñaremos. ¡Y podrás practicar todo lo que aprendas!

¡Pero eso no es todo! Sin pagar un centavo más, recibirás:

- Videos exclusivos online en los que verás las 50 clases clave y conocerás cómo usar el inglés en cada momento y situación. ¡Para que aprendas inglés de una vez por todas y para siempre!

¿Qué más le puedes pedir a un curso de inglés? ¡No lo pienses más! Empieza a aprender inglés ya. Nunca nadie te dio tanto por tan poco. De una vez por todas vas a aprender inglés. ¡Claro que sí! Aprenderás **"Inglés ¡de una vez!"** ¿Qué estás esperando?

Con cariño,
María García

Unit 1

Greetings
Saludos

Greetings	Saludos
Hi! / <u>Hello!</u> Good morning Good afternoon Good evening / Good night	¡Hola! Buenos días Buenas tardes Buenas noches
<u>How are you doing?</u> Fine Very well Thank you / Thanks / <u>Thank you very much</u>	¿Cómo estás? Bien Muy bien Gracias Muchas gracias
You're welcome Fine, thank you And you? See you	De nada Bien, gracias ¿Y tú? Nos vemos
See you later <u>See you tomorrow</u> <u>Goodbye</u> Bye	Hasta luego Hasta mañana Adiós Chao

Las palabras subrayadas corresponden al glosario de palabras de los videos online

Dialogue	Diálogo
W: **Hello!**	W: ¡Hola!
M: **Hello! Good morning**	M: ¡Hola! Buenos días
W: **How are you?**	W: ¿Cómo estás?
M: **Fine, thank you. And you?**	M: Bien, gracias. ¿Y tú?
W: **Very well, thanks**	W: Muy bien, gracias
M: **See you later**	M: Hasta luego
W: **See you tomorrow**	W: Hasta mañana

Ejercicios

Lee el diálogo y las palabras y frases nuevamente e intenta responder a las
siguientes preguntas:

1) Cómo dirías en inglés "¡Hola!"?

Hello

2) ¿Cómo dirías en inglés "¿Cómo estás?"

How are you?

3) ¿Cómo dirías en inglés "Bien, gracias"?

Fine Thank

4)¿Cómo dirías en inglés "Nos vemos"?

See you

5)¿Cómo dirías en inglés "Hasta luego"?

Good bye

6) Cómo dirías en inglés "Hasta mañana"?

See you Tomorrow

7) ¿Cómo dirías en inglés "Adiós"?

Goodbye

8) Cómo dirías en inglés "Buenos días"?

Good morning

9) Cómo dirías en inglés "Buenas tardes"?

Good afternoon

10)¿Cómo dirías en inglés "De nada" cuando te dan las gracias?

You are welcome

Key: 1.- Hello; 2.- How are you? ó también How are you doing?; 3.- Fine, thank you; 4.- See you; 5.- See you later; 6.- See you tomorrow; 7.- Goodbye; 8.- Good morning; 9.- Good afternoon; 10.- You are welcome

Unit 2

Introductions and Courtesy Expressions

Presentaciones y Expresiones de Cortesía

Introductions and Courtesy Expressions	Presentaciones y Expresiones de Cortesía
What is your name?	¿Cómo se llama usted?
<u>My name is</u> …	Me llamo …
Who are you?	¿Quién es usted?
I am …	Soy …
Who is he / she?	¿Quién es él / ella?
He is … / She is …	El es … / Ella es …
<u>Nice to meet you</u> /	Encantado de conocerlo/la
Pleased to meet you	Encantado de conocerlo/la
Nice to meet you, too	También
It's my pleasure	Es un placer
Excuse me	Disculpe
Please	Por favor
One moment, please	Un momento, por favor
<u>Welcome</u>	Bienvenido
<u>Go ahead</u>	Pase adelante
Can you repeat, please?	¿Puede repetir, por favor?

Las palabras subrayadas corresponden al glosario de palabras de los videos online

Introductions and Courtesy Expressions

I don't understand	No comprendo
I understand a little	Comprendo un poco
Can you speak more slowly, please?	¿Puede hablar más despacio, por favor?
Do you speak Spanish?	¿Habla usted español?

Presentaciones y Expresiones de Cortesía

How do you say hello in Spanish?	¿Cómo se dice hello en español?
What does it mean?	¿Qué significa eso?
I speak Spanish a little	Hablo un poco de español

Dialogue	Diálogo
M: <u>Good afternoon</u> W: <u>Good afternoon sir.</u> <u>What is your name?</u>	M: Buenas tardes W: Buenas tardes señor. ¿Cómo se llama usted?
M: My name is Peter Jones W: <u>Nice to meet you Mr. Jones</u> M: <u>It's my pleasure</u>	M: Me llamo Peter Jones W: Encantado de conocerlo Sr. Jones M: Es un placer
W: <u>How may I help you?</u> M: <u>I would like to see</u> <u>doctor Wallace</u>	W: ¿Cómo le puedo ayudar? M: Quisiera ver al doctor Wallace
W: <u>Do you have an</u> <u>appointment?</u> M: <u>Yes, I do</u>	W: ¿Tiene usted una cita? M: Sí, la tengo
W: One moment, please M: <u>Yes</u> W: <u>Come here, please</u>	W: Un momento, por favor M: Sí W: Venga por aquí, por favor

Ejercicios

Ahora, con el vocabulario que has aprendido, traduce este diálogo:

1) ¿Cuál es su nombre?

_____

2) Mi nombre es Víctor

_____

3) ¿Podría repetir, por favor?

_____

4) Mi nombre es Víctor

_____

5) Encantado de conocerlo

_____

6) Encantado de conocerla, también

_____

7) Bienvenido

_____

8) Es un placer

_____

9) Pase adelante

_____

10) Gracias

_____

Key: 1.- What is your name?; 2.- My name is Víctor; 3.-Can you repeat, please?; 4.-My name is Víctor; 5.-Nice to meet you; 6.-Nice to meet you / Please to meet you, too; 7.- Welcome; 8.- It's my pleasure; 9.- Go ahead; 10.- Thank you

Unit 3

Ways to Address to a Person
Formas de Dirigirse a una Persona

Ways to Address to a Person	Formas de Dirigirse a una Persona
Madam / Ma'am	Señora
Miss	Señorita
Ms.	Sra., Srta.
Mr.	Señor
Mrs.	Señora
Sir	Señor
Dr.	Doctor

Las palabras subrayadas corresponden al glosario de palabras de los videos online

Ejercicios

Después de haber estudiado esta unidad, escribe las siguientes frases en inglés:

1) Buenas tardes Sr. Parker

_____

2) Encantado de conocerla Srta. Williams

_____

3) ¿Tiene una cita con el Dr. Gordon?

_____

4) ¡Señor! Venga por aquí, por favor

_____

5) Soy la Sra. Martin

_____

6) Buenas noches Sr. Collins

_____

7) ¿Cómo le puedo ayudar señora?

_____

8) Buenas noches Sr. Marshalls

_____

9) ¿Cómo está Srta. Derek?

_____

10) Esto es para usted, Dr. Garfield

_____

–

Key: 1.- Good afternoon Mr. Parker; 2.- Nice to meet you Ms. Williams; 3.-Do you have an appointment with Dr. Gordon?; 4.-Sir! Come here, please; 5.- I am Mrs. Martin; 6.- Good evening Mr. Collins; 7.- How may I help you madam?; 8.- Good evening Mr. Marshall; 9.- How are you Ms. Derek?; 10.- This is for you, Dr. Garfield.

Unit 4

The Articles
Los Artículos

The Articles	Los Artículos
The	El / la / los / las
The car	El automóvil
The cars	Los automóviles
The house	La casa
The houses	Las casas
A	Un / una (ante palabras que empiezan por vocal)
A car	Un automóvil
A house	Una casa
An	Un / una (ante palabras que empiezan por vocal)
An elephant	Un elefante
An apple	Una manzana
Some	Unos / unas
Some cars	Unos automóviles
Some houses	Unas casas

Las palabras subrayadas corresponden al glosario de palabras de los videos online

Ejercicios

Has aprendido los artículos. Escribe ahora el artículo que corresponde:

1) _____ train (un tren)

2) _____ oranges
(algunas naranjas)

3) _____ trees (los árboles)

4) _____ apple (una manzana)

5) _____ table (la mesa)

6) _____ tables (las mesas)

7) _____ tables (algunas mesas)

8) _____ table (una mesa)

9) _____ computer
(la computadora)

10)_____ computers
(las computadoras)

Key: 1.- A; 2.- Some; 3.-The; 4.-An; 5.-The; 6.-The; 7.-Some; 8.- A; 9.- The; 10.- The

Unit 5

The Subject Pronouns
Los Pronombres Personales de Sujeto

The Subject Pronouns	Los Pronombres Personales de Sujeto
I	Yo
You	Tú / Usted (Ud.)
He	El
She	Ella

It	Ello
We	Nosotros
You	Ustedes (Uds.)
They	Ellos / Ellas

Las palabras subrayadas corresponden al glosario de palabras de los videos online

Ejercicios

Completa los espacios escribiendo en inglés el pronombre personal que aparece en el paréntesis:

1) _____ are friends
   (nosotros somos
   amigos)

2) _____ speak English well
   (tú hablas bien inglés)

3) _____ are in the living room
   (ellos están en la sala)

4) _____ is a teacher
   (ella es profesora)

5) _____ are Mexican
   (ustedes son mexicanos)

6) _____ is at home
   (él está en casa)

7) _____ am a student
   (yo soy estudiante)

8) _____ are in the kitchen
   (usted está en la cocina)

9) _____ is on the table
   (ello - un animal u
   objeto - está sobre la
   mesa)

10) _____ speak Spanish
   (yo hablo español

Key: 1.- We; 2.- You; 3.- They; 4.-She; 5.-You; 6.-He; 7.-I; 8.- You; 9.- It; 10.- I

20

Unit 6

The Possessive Adjectives
Los Adjetivos Posesivos

The Possessive Adjectives	Los Adjetivos Posesivos
My	Mi
Your	Tu
His	Su (de él)
Her	Su (de ella)

Its	Su (de ello)
Our	Nuestro/a
Your	Vuestro
Their	Su (de ellos/as)

My car	Mi auto
Your book	Tu libro
His TV	Su televisión
Our house	Nuestra casa

Las palabras subrayadas corresponden al glosario de palabras de los videos online

INGLÉS ¡de una vez!

Ejercicios

Ya conoces los adjetivos posesivos. Escribe el adjetivo posesivo que
corresponde:

1) _____ apartment
(mi departamento)

2) _____ computer
(tu computadora)

3) _____ car
(su auto -de él-)

4) _____ purse
(su bolso -de ella-)

5) _____ public transportation
(su transporte público
-de la ciudad-)

6) _____ family
(nuestra familia)

7) _____ children
(sus hijos -de ustedes-)

8) _____ house
(su casa -de ellos-)

9) _____ dog
(su perro -de ella-)

10) _____ office
(su -de usted-)

Key: 1.- My; 2.- Your; 3.-His; 4.-Her; 5.-Its; 6.-Our; 7.-Your; 8.- Their; 9.-Her; 10.- Your

22

Unit 7

The Demonstrative Adjectives
Los Adjetivos Demostrativos

The Demonstrative Adjectives	Los Adjetivos Demostrativos
This	Este / esta
This book	Este libro
This shirt	Esta camisa
These	Estos /estas

These books	Estos libros
These shirts	Estas camisas
That	Ese / esa
That table	Esa mesa

That car	Ese auto
Those	Esos / esas
Those tables	Esas mesas
Those cars	Esos autos

Las palabras subrayadas corresponden al glosario de palabras de los videos online

Ejercicios

Tras aprender los adjetivos demostrativos, escribe el adjetivo demostrativo que corresponde:

1) _____ apartment
(éste departamento)

2) _____ computer
(esta computadora)

3) _____ glasses
(estos anteojos)

4) _____ bracelets
(estas pulseras)

5) _____ dog
(ese perro)

6) _____ exit
(esa salida)

7) _____ books
(esos libros)

8) _____ houses
(esas casas)

9) _____ suitcases
(estas maletas)

10) _____ car
(este auto)

Key: 1.- This; 2.-This; 3.-These; 4.-These; 5.-That; 6.-That; 7.-Those; 8.- Those; 9.-These; 10.- This

24

Unit 8

The Possessive Pronouns
Los Pronombres Posesivos

The Possessive Pronouns	Los Pronombres Posesivos
Mine	Mío
Yours	Tuyo
His	Suyo (de él)
Hers	Suyo (de ella)

Its	Suyo (de ello)
Ours	Nuestro/a
Yours	Vuestro
Theirs	Suyo (de ellos/as)

The car is mine	El auto es mío
The book is yours	El libro es tuyo
That TV is his	Esa tele es suya
This house is ours	Esta casa es nuestra

Las palabras subrayadas corresponden al glosario de palabras de los videos online

Dialogue	Diálogo

M: **Is this your jacket?** W: **Yes, the jacket is mine** M: **Is that your purse?**	M: ¿Es esta tu chaqueta? W: Sí, la chaqueta es mía M: ¿Es esa tu cartera?

W: **No, it is not mine** M: **Whose purse is it?** W: **It is Marlene's purse.** **This purse is hers**	W: No, no es mía M: ¿De quién es? W: Es de Marlene. Esta cartera es suya

M: **O.K.** W: **These suitcases are ours**	M: Listo W: Estas maletas son nuestras

Ejercicios

Hemos visto los pronombres posesivos, escribe ahora el pronombre posesivo que corresponde:

1) This house is _____
   (esta casa es mía)

2) That watch is _____
   (ese reloj es tuyo)

3 Those sneakers are _____
   (esos tenis son de él)

4) These bracelets are _____
   (estas pulseras son de ella)

5) The best team is _____
   (el mejor equipo es el nuestro)
6) The choice is _____
   (la elección es de ustedes)

7) Those musical instruments are
   _____
   (estos instrumentos musicales
   son de ellos)

8) This shirt is _____
   (esta camisa es de ella)

9) That house is _____
   (esa casa es de usted)

10) The glass of water is _____
    (el vaso de agua es mío)

Key: 1.- mine; 2.-yours; 3.-his; 4.-hers; 5.-ours; 6.-yours; 7.-theirs; 8.-hers; 9.-yours; 10.-mine

Unit 9

The Cardinal Numbers
Los Números Cardinales

The Cardinal Numbers	Los Números Cardinales
0 / Zero	Cero
1 / One	Uno
2 / Two	Dos
3 / Three	Tres
4 / Four	Cuatro
5 / Five	Cinco
6 / Six	Seis
7 / Seven	Siete
8 / Eight	Ocho
9 / Nine	Nueve
10 / Ten	Diez
11 / Eleven	Once
12 / Twelve	Doce
13 / Thirteen	Trece
14 / Fourteen	Catorce
15 / Fifteen	Quince

Las palabras subrayadas corresponden al glosario de palabras de los videos online

The Cardinal Numbers	Los Números Cardinales
16 / Sixteen	Dieciséis
17 / Seventeen	Diecisiete
18 / Eighteen	Dieciocho
19 / Nineteen	Diecinueve
20 / Twenty	Veinte
21 / Twenty-one	Veintiuno
30 / Thirty	Treinta
40 / Forty	Cuarenta
50 / Fifty	Cincuenta
60 / Sixty	Sesenta
70 / Seventy	Setenta
80 / Eighty	Ochenta
90 /Ninety	Noventa
100 / One hundred	Cien
101 / One hundred and one	Ciento uno
200 / Two hundred	Doscientos
300 / Three hundred	Trescientos
400 / Four hundred	Cuatrocientos
500 / Five hundred	Quinientos
600 / Five hundred	Seiscientos
700 / Seven hundred	Setecientos
800 / Eight hundred	Ochocientos
900 /Nine hundred	Novecientos
1,000 / One thousand	Mil
10,000 / Ten thousand	Diez mil
100,000 / One hundred thousand	Cien mil
1,000,000 / One million	Un millón
1,000,000,000 / One billion	Mil millones
Forty-five (45)	Cuarenta y cinco

The Cardinal Numbers	Los Números Cardinales
One hundred and twenty-eight (128)	Ciento veintiocho
One thousand nine hundred and sixty-three (1,963)	Mil novecientos sesenta y tres
Six thousand and thirty-seven (6,037)	Seis mil treinta y siete
Eleven thousand (11,000)	Once mil
Two hundred and seventy-nine thousand (279,000)	Doscientos setenta y nueve mil
Two million (2,000,000)	Dos millones

Dialogue

W: **How old are you?**
M: **I am twenty-three (23) years old**

W: **How much does it cost?**
M: **It costs thirty-four (34) dollars**
W: **How many tables are there?**
M: **There are fifty-six (56) tables**

W: **Where do you live?**
M: **I live in apartment four hundred and thirty-seven (437)**

Diálogo

W: ¿Cuántos años tienes?
M: Tengo veintitrés años

W: ¿Cuánto cuesta eso?
M: Cuesta treinta y cuatro dólares
W: ¿Cuántas mesas hay?
M: Hay cincuenta y seis mesas

W: ¿Dónde vives?
M: Yo vivo en el apartamento cuatrocientos treinta y siete

Ejercicios

Escribe en inglés con letras los números que están dentro del paréntesis:

1) _____ children
(5 chicos)

2) _____ photographs
(9 fotografías)

3) _____ students
(15 estudiantes)

4) _____ apples
(19 manzanas)

5) _____ years
(26 años)

6) _____ dresses
(45 vestidos)

7) Apartment number_____
_____
(apartamento número 264)

8) _____
_____ employees
(958 empleados)

9) _____
_____ rooms
(1,500 habitaciones)

10)_____
_____ miles
(137,000 millas)

Key: 1.- Five; 2.-Nine; 3.-Fifteen; 4.-Nineteen; 5.-twenty-six; 6.- forty-five; 7.-two hundred and sixty-four; 8.- nine hundred and fifty-eight; 9.-one thousand five hundred; 10.-one hundred and thirty-seven thousand

Unit 10

The Time
La Hora

The Time	La Hora
The clock	El reloj (de pared)
The watch	El reloj (de mano)
What time is it?	¿Qué hora es?
It is …	Son la/s …

The Time	La Hora
It is one o'clock (1:00)	Es la una
It is two o'clock (2:00)	Son las dos
It is three fifteen /	Son las tres y quince /
It is a quarter past three (3:15)	Son las tres y cuarto (3:15)

The Time	La Hora
It is four thirty /	Son las cuatro y treinta /
It is half past four (4:30)	Son las cuatro y media
It is five forty-five /	Son las cinco y cuarenta y cinco /
It is a quarter to six (5:45)	Falta un cuarto para las seis (5:45)

The Time	La Hora
It is six fifty /	Son las seis y cincuenta /
It is ten to seven (6:50)	Faltan diez para las siete (6:50)
It is noon (12:00 P. M.)	Es mediodía (12:00 P. M.)
It is midnight (12:00 A. M.)	Es medianoche (12:00 A. M.)

Las palabras subrayadas corresponden al glosario de palabras de los videos online

The Time	La Hora
In the morning	En la mañana
In the afternoon	En la tarde
In the evening	En la noche

At night	En la noche
At what time is ...?	¿A qué hora es ...?
At what time is the concert?	¿A qué hora es el concierto?

At ...	A la/s ...
At 7:10 P.M.	A las siete de la noche
(seven ten in the evening)	

Dialogue

W: **Excuse me, what time is it?**
M: **It is 5:00 (five o'clock)**

W: **Thank you. Can you tell me if the concert is today?**
M: **No, the concert is tomorrow**

W: **Oh! And at what time does it start?**
M: **It starts at 6:00 P.M. (six o'clock in the evening)**
W: **Thank you very much**

Diálogo

W: Disculpe. ¿Qué hora es?
M: Son las cinco

W: Gracias. ¿Me puede decir si el concierto es hoy?
M: No, el concierto es mañana

W: ¡Ah! ¿Y a qué hora empieza?

M: Empieza a las seis de la noche

W: Muchas gracias

Ejercicios

Practiquemos cómo decir la hora con el siguiente ejercicio. Escribe las horas en letras:

1) Es la 1:15

_____

_____

2) Son las 3:25 de la tarde

_____

_____

3) Son las 8:30 de la mañana

_____

_____

4) Es mediodía

_____

_____

5) Son las 4:45

_____

_____

6) El concierto es a las 7:00 de la noche

_____

_____

7) Es medianoche

_____

_____

8) Son las 10:50

_____

_____

9) Son las 2:30

_____

_____

10) Son las 11:15

_____

_____

Key: 1.- It's one fifteen, o también, It's a quarter past one; 2.- It's three twenty-five; 3.- It's eight thirty, o también, It's half past eight; 4.-It's noon; 5.-It's four forty-five, o también, It's a quarter to five; 6.-The concert is at seven o'clock in the evening; 7.-It's midnight; 8.-It's ten fifty, o también, It's ten to eleven; 9.-It's two thirty, o también, It's half past two; 10.-It's eleven fifteen, o también, It's a quarter past eleven

Unit 11

The Days of the Week
Los Días de la Semana

The Days of the Week	Los Días de la Semana
Monday	Lunes
Tuesday	Martes
Wednesday	Miércoles
Thursday	Jueves
Friday	Viernes
Saturday	Sábado
Sunday	Domingo
What day is today?	¿Qué día es hoy?

Las palabras subrayadas corresponden al glosario de palabras de los videos online

Ejercicios

Completa las siguientes frases con los días de la semana:

1) Today is _____
   (Hoy es miércoles)

2) Tomorrow is _____
   (Mañana es jueves)

3) On _____, I go
   to the gym
   (Los martes, voy al gimnasio)

4) We work from _____
   to _____
   (trabajamos de lunes a
   viernes)

5) You are off on _____
   (Estás libre los sábados)

6) The birthday party is on
   _____
   (La fiesta de cumpleaños es el
   domingo)

7) They come on_____
   (Ellos vienen el viernes)

8) The meeting is on _____
   (La reunion es el lunes)

9) He plays golf every _____
   (El juega golf todos los
   jueves)

10) Bill travels on _____
    (Bill viaja el martes)

Key: 1.- Wednesday; 2.-Thursday; 3.-Tuesdays; 4.-Monday, Friday; 5.-Saturdays; 6.-Sunday; 7.-Friday; 8.-Monday; 9.-Thursdays; 10.-Tuesday

Unit 12

The Months of the Year
Los Meses del Año

The Months of the Year	Los Meses del Año
January	Enero
February	Febrero
March	Marzo
April	Abril
May	Mayo
June	Junio
July	Julio
August	Agosto
September	Septiembre
October	Octubre
November	Noviembre
December	Diciembre
What is today's date?	¿Qué fecha es hoy?

Las palabras subrayadas corresponden al glosario de palabras de los videos online

Dialogue	Diálogo
W: What day is today? **M: Today is Tuesday** **W: And what is tomorrow's date?**	W: ¿Qué día es hoy? M: Hoy es Martes W: Y ¿Qué fecha es mañana?
M: Tomorrow is April the fourteenth (14th) **W: Really? So, yesterday was April the twelfth (12th)**	M: Mañana es catorce (14) de abril W: ¿En serio? Entonces, ayer fue doce (12) de abril
M: Yes, why? **W: Because it was my friend's birthday** **M: What is your D.O.B. (Date of birth)?**	M: Sí. ¿Por qué? W: Porque fue el cumpleaños de mi amiga M: ¿Cuál es tu fecha de nacimiento?
W: My date of birth is September 15th When is your birthday? **M: My birthday is on March 2nd**	W: Mi fecha de nacimiento es el 15 de septiembre ¿Cuándo es tu cumpleaños? M: Mi cumpleaños es el 2 de marzo

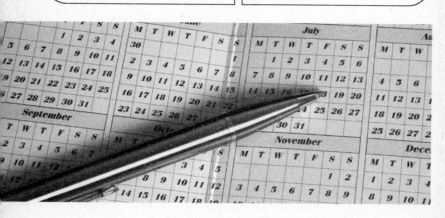

Ejercicios

Practiquemos los meses del año con los siguientes ejercicios. Completa los espacios con el mes correspondiente:

1) My birthday is in _____
   (Mi cumpleaños es en marzo)

2) Today is _____ 1st
   (Hoy es primero de agosto)

3) We go on vacation in _____
   (Salimos de vacaciones en octubre)

4) They come to the city in _____
   (Ellos vienen a la ciudad en enero)

5) Is your birthday in _____ ?
   (¿Es tu cumpleaños en abril?)

6) In _____, we go to London
   (En febrero, nos vamos a Londres)

7) In _____, it is very cold in some countries
   (En junio, hace mucho frío en algunos países)

8) _____ is usually a busy month
   Diciembre es, generalmente, un mes muy agitado)

9) Arthur has many appointments in _____
   (Arthur tiene muchas citas en mayo)

10) Some people like the month of _____
    (A algunas personas les gusta el mes de setiembre)

11) _____ has thirty-one days (Julio tiene treinta y un días)

12) Next month will be _____
    (El próximo mes será noviembre)

Key: 1.– March; 2.–August; 3.–October; 4.–January; 5.–April; 6.–February; 7.–June 8.–December; 9.–May; 10.–September; 11.–July; 12.–November

Unit 13

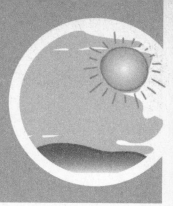

The Weather
El Clima

The Weather	El Clima
Sunny	Soleado
Cloudy	Nublado
Rainy	Lluvioso
Humid	Húmedo
Dry	Seco

Cold	Frío
Warm	Cálido
Hot	Caluroso
Rain	La lluvia
Snow	La nieve

How is the weather today?	¿Cómo está el tiempo hoy?
It's nice	Hace buen tiempo
It's sunny	Está soleado
It's cold in winter	Hace frío en invierno
It's raining	Está lloviendo

It's snowing	Está nevando
I am cold	Tengo frío

Las palabras subrayadas corresponden al glosario de palabras de los videos online

Dialogue

W: **How is the weather there, today?**
M: **Today, it's cold, and it is raining**

W: **And tomorrow?**
M: **Tomorrow it's going to be a nice day**
W: **That's great!**

Diálogo

W: ¿Cómo está el clima por allá, hoy?
M: Hoy, hace frío y está lloviendo

W: ¿Y mañana?
M: Mañana va a hacer buen tiempo
W: ¡Fabuloso!

Ejercicios

Ahora vamos a repasar el vocabulario del clima:

1) Today, it's
_____
(Hoy, está soleado)

2) Tomorrow is going to be
_____
(Mañana va a estar lluvioso)

3) It's_____right now
(Hace buen tiempo ahora mismo)

4) The temperature is very _____ now
(La temperature está muy caliente ahora)

5) Is it _____ over there?
(¿Está lloviendo allá?)

6) It's _____ in winter
(Hace frío en invierno)

7) The weather is _____ today
(El clima está seco hoy)

8) The sky is _____
(El cielo está nublado)

9) It i_____ in Chicago
(Está nevando en Chicago)

10) The weather is _____ outside
(El clima está húmedo afuera)

Key: 1.- sunny; 2.- rainy; 3.- nice; 4.- warm, o también, hot ; 5.- raining; 6.-cold; 7.-dry 8.-cloudy; 9.-snowing; 10.-humid

44

Unit 14

The Seasons
Las Estaciones

The Seasons	Las Estaciones
Spring	Primavera
Summer	Verano
Fall	Otoño
Winter	Invierno

Las palabras subrayadas corresponden al glosario de palabras de los videos online

Ejercicios

Después de haber aprendido esta unidad, escribe la estación correspondiente en los espacios en blanco: winter, fall, spring, summer

1) I like to go the beach in (me gusta ir a la playa en…)

_____

2) It's very cold in (Hace mucho frío en…)

_____

3) The leaves of some trees change colors during the (Las hojas de algunos árboles cambian de color durante el ..)

_____

4) _____ is a beautiful season (…es una hermosa estación)

Key: 1.- summer; 2.-winter; 3.-fall; 4.-spring

Unit 15

The Colors
Los Colores

The Colors	Los Colores
Yellow	Amarillo
Red	Rojo
Blue	Azul
Green	Verde
Orange	Naranja
Brown	Marrón
Pink	Rosa
Purple	Púrpura
Black	Negro
White	Blanco
Gray	Gris

Las palabras subrayadas corresponden al glosario de palabras de los videos online

The Colors	Los Colores
Light	Claro
Dark	Oscuro
Light green	Verde claro
Orange book	Libro naranja
Brown shoes	Zapatos marrones
My blouse is white	Mi blusa es blanca
What color is...?	¿De qué color es ...?
What is your favorite color?	¿Cuál es tu color favorito?

Dialogue

W: **What color is your car?**
M: **My car is black**
W: **What is your favorite color?**
M: **My favorite color is yellow**

W: **We have a blue car
and a red one
Which color do you prefer?**
M: **I prefer the blue one**

Diálogo

W: ¿De qué color es tu auto?
M: Mi auto es negro
W: ¿Cuál es tu color favorito?
M: Mi color favorito es el amarillo

W: Tenemos un auto azul
y uno rojo
¿Qué color prefieres tú?
M: Prefiero el azul

Ejercicios

Después de haber estudiado esta unidad, escribe el vocabulario relacionado con los colores en inglés:

1) My favorite color is _____
(Mi color favorito es el verde)

2) The sky is _____
(El cielo es azul)

3) The sun is _____
(El sol es amarillo)

4) This room is _____
(Esta habitación es púrpura)

5) That house is _____
(Esa casa es rosa)

6) We like the _____ car (Nos gusta el auto rojo)

7) The desk is _____
(El escritorio es marrón)

8) My pen is _____
(Mi bolígrafo es negro)

9) I like the _____ blouse
(Me gusta la blusa naranja)

10) The wall is _____
(La pared es gris)

11) My pants are _____
(Mis pantalones son blancos)

12) Do you prefer the _____, or the _____ shirt?
(¿Prefieres la camisa verde o la amarilla?)

13) They want the _____ telephone
(Ellos quieren el teléfono rosa)

14) Her hair is _____
(Su pelo es oscuro)

15) The living room is _____
(azul claro)

Key: 1.- green; 2.-blue; 3.-yellow; 4.-purple; 5.-pink; 6.-red; 7.-brown; 8.-black; 9.-orange; 10.-gray; 11.-white; 12.-green, yellow; 13.-pink; 14.-dark; 15.-light blue

Unit 16

The Parts of the Face
Las Partes de la Cara

The Parts of the Face	Las Partes de la Cara
Cheek	Mejilla
Chin	Barbilla
Ear	Oreja
Eye	Ojo
Forehead	Frente

Hair	Cabello
Lips	Labios
Mouth	Boca
Nose	Nariz
Skin	Piel

Teeth	Dientes
Tooth	Diente
Blond / Blonde	Rubio / Rubia
Brown	Castaño
Gray	Canoso

Red hair	Pelirrojo
Long	Largo

Las palabras subrayadas corresponden al glosario de palabras de los videos online

The Parts of the Face | ## Las Partes de la Cara

Short	Corto
Straight	Lacio
Curly	Enrulado
John is blond	John es rubio
Karen has long hair	Karen tiene cabello largo

He has green eyes	El tiene ojos verdes
Her eyes are blue	Sus ojos son azules
His eyes are big and brown	Sus ojos son grandes y marrones

Ejercicios

Ahora, traduce las siguientes descripciones al inglés, usando el vocabulario de las partes de la cara:

1) Peter tiene el pelo enrulado

_____

_____

2) Mary tiene ojos marrones

_____

_____

3) Ella tiene el pelo largo

_____

_____

4) El tiene la barbilla grande

_____

_____

5) Yvette tiene el pelo castaño

_____

_____

6) Tony es rubio

_____

_____

7) Carol es pelirroja

_____

_____

8) Bob tiene la nariz larga

_____

_____

9) Sus (de él) ojos son verdes

_____

_____

10) Su (de ella) pelo es corto

_____

_____

Key: 1.- Peter has curly hair; 2.-Mary has brown eyes; 3.-She has long hair; 4.-He has a big chin; 5.-Yvette has brown hair; 6.-Tony is blond; 7.-Carol has red hair ; 8.-Bob has a long nose; 9.-His eyes are green; 10.-Her hair is short

Unit 17

Essential Verbs
Verbos Esenciales

Essential Verbs	Verbos Esenciales
Be	Ser /Estar
<u>Go</u>	Ir
Come	Venir
Have	Tener
<u>Get</u>	Conseguir
<u>Help</u>	Ayudar

<u>Love</u>	Amar
Like	Gustar
Want	Querer
<u>Buy</u>	Comprar
<u>Sell</u>	Vender
<u>Read</u>	Leer

<u>Write</u>	Escribir
<u>Drink</u>	Beber
<u>Eat</u>	Comer
<u>Open</u>	Abrir
<u>Close</u>	Cerrar
<u>Look at</u>	Mirar

Las palabras subrayadas corresponden al glosario de palabras de los videos online

Essential Verbs | Verbos Esenciales

Essential Verbs	Verbos Esenciales
Look for	Buscar
Find	Encontrar
Start	Comenzar
Stop	Parar
Pull	Jalar
Push	Empujar

Send	Enviar
Receive	Recibir
Turn on	Encender
Turn off	Apagar
Listen to	Escuchar
Speak	Hablar

Do	Hacer
Drive	Manejar
Feel	Sentir
Know	Saber
Leave	Dejar, salir
Live	Vivir

Make	Hacer
Meet	Reunir
Need	Necesitar
Pay	Pagar
Play	Jugar
Remember	Recordar
Repeat	Repetir

Say	Decir
Sleep	Dormir
Study	Estudiar
Take	Tomar
Think	Pensar
Understand	Comprender

Essential Verbs	Verbos Esenciales

<u>Wait</u>	Esperar
Watch	Mirar, observar
There is	Hay (singular)
There are	Hay (plural)
I am tall	(Yo) soy alto
You are short	(Tú) eres pequeño

<u>He is thin</u>	El es delgado
We are big	(Nosotros) somos grandes
They are intelligent	(Ellos/as) son inteligentes
<u>I am at home</u>	(Yo) estoy en casa
You are at school	(Tú) estás en la escuela
<u>We are at the store</u>	(Nosotros) estamos en la tienda

I get a prize	(Yo) obtengo un premio
I go to the movies	(Yo) voy al cine
<u>I have a nice car</u>	(Yo) tengo un bonito auto
<u>I listen to the music</u>	(Yo) escucho música
<u>I watch TV</u>	(Yo) veo televisión
<u>I like this book</u>	Me gusta este libro
<u>There are ten children in the park</u>	Hay diez niños en el parque

Dialogue

Diálogo

W: What are you doing today?

W: ¿Qué vas a hacer hoy?

M: Today, I'm going to play tennis.Then, I'm going to eat at the restaurant. After that, I'm going to read the newspaper at home. I'm also going to watch TV and listen to the music. Finally, I will go to sleep

M: Hoy, voy a jugar tenis. Luego, voy a comer al restaurante. Después, voy a leer el periódico en casa. También voy a mirar la televisión y escuchar música. Finalmente, me iré a dormir

W: When do you work?
M: I work tomorrow

W: ¿Cuándo trabajas?
M: Trabajo mañana

Ejercicios

Después de haber estudiado esta unidad, completa los espacios escribiendo los verbos dentro del paréntesis en inglés:

1) We _____ the newspaper
(leer- el periódico)

2) They _____ at
the restaurant
(comer-en el restaurante)

3) I _____ that movie
(gustar- esa película)

4) Peter _____
soda (beber-soda)

5) You _____ Spanish
(hablar- español)

6) Linda _____ houses
(vender- casas)

7) You _____ new clothes
(comprar- nueva ropa)

8) They _____ a letter
(recibir- una carta)

9) I _____ the TV
(encender la tele)

10) We _____ the
bills (pagar- las cuentas)

11) The dog _____ the clock
(el perro- mirar- el reloj)

12) I _____ to the pharmacy
(manejar - a la farmacia)

13) You _____ the supermarket
(salir- del supermercado)

14) They _____
help (necesitar- ayuda)

15) We _____ everything
(recordar-todo)

16) I _____ eight
hours (dormir- ocho horas)

17) Tom _____ very much
(pensar- mucho)

18) Katherine _____ to the
beach (ir- a la playa)

19) We _____ the
news (escuchar- las noticias)

20) Please, _____
one moment
(esperar- un momento)

Key: 1.- read; 2.- eat; 3.- like; 4.-drinks; 5.-speak; 6.-sells; 7.- buy ; 8.-receive; 9.-turn on; 10.-pay; 11.- looks at; 12.- drive; 13.- leave; 14.-need; 15.- remember; 16.- sleep; 17.- thinks; 18.- goes; 19.- listen to; 20.-wait

58

Unit 18

Interrogative Words
Palabras Interrogativas

Interrogative Words	Palabras Interrogativas
How many ...?	¿Cuántos/as ...?
How much...?	¿Cuánto/a ...?
How ...?	¿Cómo ...?
What ...?	¿Qué ...?
When ...?	¿Cuándo ...?
Where ...?	¿Dónde ...?

Which ...?	¿Cuál ...?
Who ...?	¿Quién ...?
Whose ...?	¿De quién ...?
Whom ...? / To whom ...?	¿A quién ...?
Why ...?	¿Por qué ...?
Because ...	Porque ...

Las palabras subrayadas corresponden al glosario de palabras de los videos online

Dialogue | ## Diálogo

W: **Good morning!**
What is your name?
M: **My name is Robert Jones**

W: ¡Buenos días!
¿Cómo se llama usted?
M: Me llamo Robert Jones

W: **And, who are you?**
M: **I am the security guard**
of the company

W: Y... ¿Quién es usted?
M: Soy el guardia de seguridad de la compañía

W: **Where do you live?**
M: **I live in Brooklyn**

W: ¿Dónde vive usted?
M: Vivo en Brooklyn

W: **When did you start working?**
M: **I started two weeks ago**
W: **How did you know about us?**
M: **I read your ad in**
the newspaper

W: ¿Cuándo empezó a trabajar?
M: Empecé dos semanas atrás
W: ¿Cómo supo de nosotros?
M: Leí su aviso en el periódico

Ejercicios

Practiquemos las palabras interrogativas completando los siguientes ejercicios:

1) _____ do you live? (¿Dónde vives?)

2) _____ does it cost? (¿Cuánto cuesta?)

3) _____ is he? (¿Quién es?)

4) _____ rooms are there in this house? (¿Cuántas habitaciones hay en esta casa?)

5) _____ color do you prefer? (¿Cuál color prefieres?)

6) _____ are you coming back? (¿Cuándo regresas?)

7) _____ is this jacket? (¿De quién es esta chaqueta?)

8) _____ are you nervous? (¿Por qué estás nervioso?)

9) _____ my test is tomorrow (Porque mi examen es mañana)

10) _____ it belongs to ? (¿A quién pertenece?)

11) _____ are you doing? (¿Cómo estás?)

Key: 1.- Where; 2.-How much; 3.-Who; 4.-How many; 5.-Which; 6.-When ; 7.-Whose; 8.-Why; 9.-Because; 10.- Whom; 11.- How

Unit 19

Linking Words
Conectores

Linking Words	Conectores
And	Y
But	Pero
Or	O

Linking Words	Conectores
Either ... or	O ... o
Neither ... nor	Ni ... ni
Yes	Sí

Linking Words	Conectores
No	No
So	Entonces
While	Mientras

Las palabras subrayadas corresponden al glosario de palabras de los videos online

Ejercicios

Después de haber estudiado esta unidad, escribe el conector que corresponde a cada frase:

1) Michael _____ John work together
(Michael y John trabajan juntos)

2)
_____ Paul _____ Mary play in the park
(Ni Paul ni Mary juegan en el parque)

3) Do you prefer green _____ blue?
(¿Prefieres verde o azul?)

4) _____ you cook, I watch TV
(Mientras cocinas, yo veo la tele)

5) _____, we go to the museum

(Entonces, vamos al museo)

6) _____, I want to go there (Sí, quiero ir allá)

7) The man is tall, _____ ugly
(El hombre es alto, pero feo)

8) Karen _____ George are in the office
(Karen y George están en la oficina)

9) Those children _____ play _____ fight (Esos niños o juegan o pelean)

10) _____ I study, you sing
(Mientras estudio, tú cantas)

Key: 1.- and; 2.-Neither, nor; 3.-or; 4.-While; 5.-So; 6.-Yes; 7.-but ; 8.-and; 9.-either, or; 10.-While

Unit 20

The Prepositions
Las Preposiciones

The Prepositions	Las Preposiciones
About **Above** **Across**	Acerca de Arriba de En frente de, a lo ancho
At **Behind** **Below**	A, en Detrás de Debajo de
Between **By** **Down**	Entre En (medios de transporte), por Abajo
During **For** **From**	Durante Por, para De, desde
In **In front of** **Into**	En, dentro de En frente de / delante de Dentro

Las palabras subrayadas corresponden al glosario de palabras de los videos online

The Prepositions | Las Preposiciones

Near	Cerca
Next to	Junto a
Of	De

On	En, sobre
Out	Fuera
Over	Sobre, por encima

Per	Por
Through	A través
To	A (para alguien), hacia

Under	Debajo
Up	Arriba
With	Con

Without	Sin
The cat is in the box	El gato está dentro de la caja
The vase is on the table	El florero está sobre la mesa
Somebody is at the door	Alguien está en la puerta

Dialogue	Diálogo
W: **Peter, describe your bedroom, please** M: **O.K. There is a closet on the left.**	W: Peter, describe tu dormitorio, por favor M: Listo. Hay un closet a la izquierda.
A do not disturb sign is at the door. **The bed is in the middle of the room.**	Una señal de no molestar en la puerta. La cama está en medio del dormitorio.
A nightstand is next to the bed. **There is a big lamp over the TV.** **The chest of drawers is in front of the bed**	Hay una mesa de noche al lado de la cama. Hay una lámpara grande sobre la tele. La cómoda está frente a la cama.
W: **That was a great description. Thanks Peter** M: **You are welcome**	W: Esa fue una excelente descripción. Gracias Peter M: De nada

Ejercicios

Has aprendido las preposiciones. Escribe ahora la preposición que corresponde:

1) I live _____ the drugstore
(Vivo cerca de la farmacia)

2) The cat is _____ the bed
(El gato está debajo de la cama)

3) My house is _____ the church
(Mi casa está en frente de de la iglesia)

4) The dog is _____ the chair
(El perro está detrás de la silla)

5) Beatriz is _____ his brother and sister
(Beatriz está entre su hermano y hermana)

6) The keys are _____ the desk
(Las llaves están sobre el escritorio)

7) The purse is _____ the car
(La cartera está dentro del auto)

8) We go to walk _____ Jim
(Vamos a caminar con Jim)

9) The cafeteria is _____ the gym (La cafetería está al lado del gimnasio)

Key: 1.- near; 2.-under; 3.-in front of; 4.-behind; 5.-between; 6.-on ; 7.-in; 8.- with; 9.-next to

Unit 21

Giving Directions
Dando instrucciones para llegar a un lugar

Giving Directions	Dando Instrucciones para llegar a un lugar
At the corner	En la esquina
Far	Lejos
Near	Cerca
Go straight ahead	Siga todo derecho

Left	Izquierda
Right	Derecha
Turn left	Doble a la izquierda
Turn right	Doble a la derecha

Go straight one block	Siga derecho una cuadra
After the traffic light,	Después del semáforo,
turn right	doble a la derecha
How can I get to ...?	¿Cómo puedo llegar a ...?

Las palabras subrayadas corresponden al glosario de palabras de los videos online

Giving Directions | Dando Instrucciones para llegar a un lugar

Where is the ...?	¿Dónde está el / la ...?
Where is the church?	¿Dónde está la iglesia?
The museum is next to the shopping center	El museo está al lado del centro comercial

The drugstore is in front of the building	La farmacia está frente al edificio
The supermarket is near the park	El supermercado está cerca del parque

Dialogue	Diálogo
W: **Excuse me. How can I get to the drugstore?**	W: Disculpe. ¿Cómo puedo llegar a la farmacia?
M: **Go straight ahead until the traffic light. Then turn right. After that, turn left**	M: Vaya derecho hasta el semáforo. Luego doble a la derecha. Después, doble a la izquierda
The drugstore is on the left, next to the supermarket	La farmacia está a la izquierda, al lado del supermercado
W: **Thank you very much** M: **You're welcome**	W: Muchas gracias M: De nada

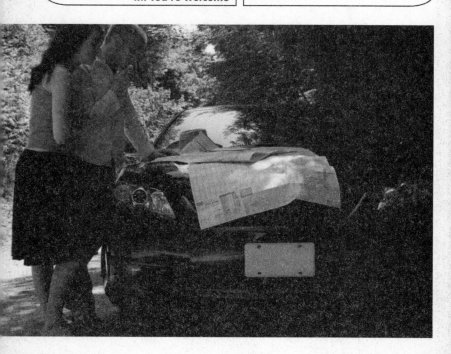

Ejercicios

Lee y estudia nuevamente el vocabulario y el diálogo de esta unidad y luego, trata de traducir las siguientes expresiones:

1) **Disculpe ¿Cómo puedo llegar al supermercado?**

_____
_____

2) **Siga derecho y luego doble a la izquierda**

_____
_____

3) **El supermercado está en la esquina a la derecha**

_____
_____

4) **Vaya derecho hasta el semáforo**

_____
_____

5) **¿Dónde queda el Museo Nacional?**

_____
_____

6) **El museo está frente a la iglesia**

_____
_____

7) **Doble a la derecha y luego a la izquierda**

_____
_____

8) **Vaya derecho una cuadra**

9) **La farmacia está cerca del parque**

_____
_____

10) **La casa está lejos del supermercado**

_____
_____

Key: 1.-Excuse me, how can I get to the supermarket? ; 2.-Go straight ahead, and then turn left; 3.-The supermarket is at the corner, on the right; 4.-Go straight ahead until the traffic light; 5.-Where is the National Museum?; 6.-The museum is in front of the church; 7.-Turn right, and then left; 8.-Go straight one block; 9.-The drugstore is near the park; 10.-The house is far from the supermarket

Unit 22

The Ordinal Numbers
Los Números Ordinales

The Ordinal Numbers	Los Números Ordinales
First	Primero
Second	Segundo
Third	Tercero
Fourth	Cuarto
Fifth	Quinto
Sixth	Sexto
Seventh	Séptimo
Eighth	Octavo
Ninth	Noveno
Tenth	Décimo
Eleventh	Décimo primero
Twelfth	Décimo segundo
Twentieth	Vigésimo
Thirtieth	Trigésimo
The first building	El primer edificio
The second floor	El segundo piso

Las palabras subrayadas corresponden al glosario de palabras de los videos online

Ejercicios

Escribe los siguientes números ordinales en letras:

1) Décimo

_____

2) Tercero

_____

3) Octavo

_____

4) Segundo

_____

5) Noveno

_____

6) Décimo segundo

_____

7) Primero

_____

8) Décimo primero

_____

Key: 1.- tenth; 2.- third; 3.- eighth; 4.- second; 5.- ninth;
6.- twelfth; 7.- first; 8.- eleventh

Unit 23

Countries, Nationalities, and Languages
Países, Nacionalidades e Idiomas

Countries, Nationalities, and Languages	Países, Nacionalidades e Idiomas
Brazil (Country) **Brazilian (Nationality)** **Portuguese (Language)**	Brasil (País) brasileño/a (Nacionalidad) portugués (Idioma)
Colombia **Colombian** **Spanish**	Colombia colombiano/a español
China **Chinese** **Chinese**	China chino/a chino
England **English** **English**	Inglaterra inglés/a inglés
France **French** **French**	Francia francés/a francés

Las palabras subrayadas corresponden al glosario de palabras de los videos online

74

Countries, Nationalities, and Languages	Países, Nacionalidades e Idiomas
Germany **German** **German**	Alemania alemán/a alemán
<u>Italy</u> **<u>Italian</u>** **Italian**	Italia italiano/a italiano
<u>Japan</u> **<u>Japanese</u>** **Japanese**	Japón japonés/a japonés
Mexico **Mexican**	México mexicano/a
Spain **Spanish** **Spanish**	España español/a español
<u>United States of America (U.S.A.)</u> **<u>American</u>** **English**	Estados Unidos de América estadounidense inglés
Where are you from? **I am from Brazil** **I am Brazilian**	¿De dónde es usted? Yo soy de Brasil Yo soy brasileño
I speak Portuguese **I am not from Italy**	Yo hablo portugués Yo no soy de Italia

Dialogue	Diálogo
W: <u>Are you Brazilian?</u> **M: <u>No, I am not</u>**	W: ¿Eres brasileño? M: No, no lo soy
W: <u>Where are you from?</u> **M: <u>I am from Italy. I'm Italian</u>**	W: ¿De dónde eres? M: Soy de Italia. Soy italiano
W: <u>Do you speak Portuguese?</u> **M: <u>No, but I speak Italian</u>** **<u>and also English</u>**	W: ¿Hablas portugués? M: No, pero hablo italiano y también inglés

Ejercicios

Después de haber aprendido el vocabulario de esta unidad, traduce las siguientes expresiones:

1) ¿De dónde eres?

_____
_____

2) ¿Hablas inglés?

_____
_____

3) Soy de Francia. Soy francés

_____
_____

4) ¿Hablas alemán?

_____
_____

5) Soy mexicano y hablo español

_____
_____

6) ¿Hablas italiano?

_____
_____

7) No, pero hablo portugués y también japonés

_____
_____

8) ¿Eres de China?

_____
_____

9) Soy de Estados Unidos

_____
_____

10) Soy americano

_____
_____

Key: 1.-Where are you from?; 2.-Do you speak English?; 3.-I'm from France. I'm French; 4.-Do you speak German?; 5.-I'm Mexican and I speak Spanish ; 6.-Do you speak Italian?; 7.-No, but I speak Portuguese, and also Japanese ; 8.-Are you from China?; 9.-I'm from United States; 10.-I'm American

Unit 24

Indefinite Pronouns
Pronombres Indefinidos

Indefinite Pronouns	Pronombres Indefinidos
Anybody	Alguien (interrogativo), nadie (neg.)
Anything	Algo (interrogativo), nada (negativo)
Nobody	Nadie

Nothing	Nada
Somebody	Alguien (afirmativo)
Something	Algo (afirmativo)
Everybody	Todos
Everything	Todo

Is anybody home?	¿Hay alguien en casa?
I don't want anything	No quiero nada
Nothing happened	No pasó nada
Somebody is in the living room	Alguien está en la sala
Everything is ready	Todo está listo

Las palabras subrayadas corresponden al glosario de palabras de los videos online

Ejercicios

Completa los espacios con los pronombres indefinidos:

1) Is _____ home?
(¿Hay alguien en casa?)

2) There is _____ on the table
(No hay nada sobre la mesa)

3) _____ is closed
(Todo está cerrado)

4) I don't want _____
(No quiero nada)

5) _____ is in the kitchen
(Alguien está en la cocina)

6) _____ happened
(Algo pasó)

7) _____ is at the office
(Nadie está en la oficina)

8) _____ is happy
(Todos están felices)

9) Do you want _____?
(¿Quieres algo?)

10) There isn't _____ here
(No hay nadie aquí)

Key: 1.-anybody; 2.-nothing; 3.-everything; 4.-anything; 5.-somebody; 6.-something; 7.-nobody; 8.-everybody; 9.-anything; 10.-anybody

79

Unit 25

The Emotions
Las Emociones

The Emotions	Las Emociones
<u>Angry</u> <u>Bored</u>	Enojado, enfadado Aburrido
<u>Confident</u> Confused	Seguro de sí mismo Confuso
Embarrassed <u>Excited</u>	Avergonzado Entusiasmado
<u>Happy</u> <u>Nervous</u>	Contento Nervioso
<u>Proud</u> <u>Sad</u> <u>Scared</u>	Orgulloso Triste Asustado
<u>Shy</u> Surprised <u>Worried</u>	Tímido Sorprendido Preocupado

Las palabras subrayadas corresponden al glosario de palabras de los videos online

The Emotions	Las Emociones
<u>I am happy</u> He is sad	(Yo) estoy contento El está triste
<u>They are surprised</u> Are you excited?	Ellos están sorprendidos ¿Estás (tú) entusiasmada?
<u>I am not bored</u> She is not nervous Everybody is confident	(Yo) no estoy aburrido Ella no está nerviosa Todos están seguros de sí mismos

Dialogue

Diálogo

W: **Hi Bob!**
M: **Hello!**

W: ¡Hola Bob!
M: ¡Hola!

W: **How are you doing?**
M: **I'm happy**

W: ¿Cómo estás?
M: Estoy feliz

W: **Why?**
M: **Because I won the lottery**
W: **I'm proud of you!**

W: ¿Por qué?
M: Porque gané la lotería
W: ¡Estoy orgulloso de ti!

Ejercicios

Ahora, escribe la palabra que corresponde, relacionada con las emociones:

1) Do you feel _____
_____?
(¿Te sientes preocupado?)

2) I'm _____
(Estoy sorprendido)

3) Why are you _____
_____?
(¿Por qué estás confundido?)

4) You look _____
(Te ves feliz)

5) They are _____
(Ellos están orgullosos)

6) Are you _____?
(¿Estás triste?)

7) Tom is _____
(Tom está aburrido)

8) We are _____
(Estamos entusiasmados)

9) Teena is _____
(Teena está nerviosa)

10) I'm not _____
(No soy tímido)

Key: 1.-worried; 2.-surprised; 3.-confused; 4.-happy; 5.-proud; 6.-sad; 7.-bored; 8.-excited; 9.-nervous; 10.-shy

83

Unit 26

Adverbs
Adverbios

Adverbs	Adverbios
A few **A little**	Unos pocos Un poco
A lot **After**	Mucho Después
Again **Ago**	Otra vez Atrás
Also **Always**	También Siempre
Before **Enough** **Everyday**	Antes Suficientemente Todos los días
Exactly **Finally** **First**	Exactamente Finalmente En primer lugar

Las palabras subrayadas corresponden al glosario de palabras de los videos online

Adverbs	Adverbios
Here	Aquí
Late	Tarde
Later	Más tarde
Never	Nunca

Next	Próximo
Now	Ahora

Often	A menudo
Once	Una vez

Only	Solamente
Outside	Afuera

Really	Realmente
Right here	Aquí mismo

Right now	Ahora mismo
Since	Desde
Slowly	Lentamente
Sometimes	A veces

Soon	Pronto
Still	Aún
Then	Luego
There	Allá

Today	Hoy
Tomorrow	Mañana
Tonight	Esta noche

Too	También
Usually	Usualmente

Ejercicios

Después de haber estudiado esta unidad, completa las frases usando los adverbios:

1) I read _____
   (Yo leo todos los días)

2) We _____
   eat lunch at two o'clock
   (Nosotros usualmente almorzamos a las dos en punto)

3) You want _____ sugar
   (Tú quieres un poco de azúcar)

4) _____
   when are you in Texas?
   (¿Desde cuando estás en Texas?)

5) I _____
   want one cup of tea
   (Solamente quiero una taza de té)

6) Speak more _____, please
   (Hable más lentamente, por favor)

7) _____,
   we are going to have dinner
   (Luego, vamos a cenar)

8) _____, they
   go to the beach
   (Mañana, ellos van a la playa)

9) You _____
   don't understand that
   (Tú aún no entiendes eso)

10) I want to watch TV _____
    (Yo quiero ver la tele ahora mismo)

11) See you _____!
    (¡Nos vemos pronto!)

12) Linda _____ practices Yoga
    (Linda algunas veces practica Yoga)

13) We are waiting for you
    _____
    (Te esperamos aquí mismo)

14) Do you _____
    believe him?
    (¿Realmente le crees a él?)

15) They work _____
    (Ellos trabajan hoy)

Key: 1.-everyday; 2.-usually; 3.-a little; 4.-since; 5.-only; 6.-slowly; 7.-then; 8.-tomorrow; 9.-still; 10.-right now; 11.-soon; 12.-sometimes; 13.-right here; 14.-really; 15.-today

Unit 27

Auxiliary Verbs
Verbos Auxiliares

Auxiliary Verbs	Verbos Auxiliares
Can	Poder (para habilidades y pedidos informales)
Could	Poder (para pedidos formales)
Did	(Auxiliar para el pasado simple)
Do	Hacer (Aux. para el presente simple)
Does	Hacer (Auxiliar para el presente simple - tercera persona)
Have to	Tener que
May	Poder (para pedir permiso)
Must	Deber (obligación)
Should	Deber (para dar consejos)
Will	(Auxiliar para el futuro)
Would	(Auxiliar para ofrecer o invitar)
Can you go to the movies?	¿Puedes ir al cine?
Could I have change?	¿Podría darme cambio?
Did you work at the drugstore?	¿Trabajaste en la farmacia?

Las palabras subrayadas corresponden al glosario de palabras de los videos online

Auxiliary Verbs | Verbos Auxiliares

I did not (didn't) work at the drugstore | (Yo) no trabajé en la farmacia

Do you work at the drugstore? | ¿Trabajas en la farmacia?

I do not (don't) work at the drugstore | (Yo) no trabajo en la farmacia

---

Does he read the newspaper? | ¿Lee él el periódico?

He does not (doesn't) read the newspaper | El no lee el periódico

---

I have to do my homework | (Yo) tengo que hacer mi tarea

May I help you? | ¿Puedo ayudarle?

You must turn left now | (Tú) debes doblar a la izquierda ahora

---

You should go to the doctor | (Tú) deberías ir al doctor

I will work tomorrow | (Yo) trabajaré mañana

I would like a glass of wine | (Yo) quisiera una copa de vino

Dialogue

W: **Can you help me, please?**
M: **Yes, how may I help you?**

W: **I have to call my brother, but my cellular phone is broken**

M: **Use mine, please**
W: **Oh! Thank you**

M: **There is a cellular phone store across the street. There must be somebody who will be able to help you**

W: **You are very nice**
M: **Do you live nearby?**
W: **No, I don't, but I work around here**

Diálogo

W: ¿Puede ayudarme, por favor?
M: Sí, ¿Cómo le puedo ayudar?

W: Tengo que llamar a mi hermano, pero mi teléfono celular está roto

M: Use el mío, por favor
W: ¡Ah! Gracias

M: Hay una tienda de celulares al frente. Allí habrá alguien que pueda ayudarle

W: Usted es muy amable
M: ¿Vive usted cerca de aquí?
W: No, pero trabajo por aquí

Ejercicios

Después de haber estudiado esta unidad, completa los ejercicios con los siguientes verbos modales:

Must, may, did, should, can, will, have to, would, could, does

1) How _____ I help you?
(¿Cómo le puedo ayudar?)

2) I _____ do my homework
(Tengo que hacer mi tarea)

3) _____ you like an ice-cream?
(¿Quisieras un helado?)

4) _____ you come tomorrow?
(¿Podrías venir mañana?)

5) _____ Mark live near your house?
(¿Mark vive cerca de tu casa?)

6) You _____ take your medication
(Tú debes tomar tus medicinas)

7) _____ you do this?
(¿Puedes hacer esto?)

8) You _____ be more responsible!
(¡Deberías ser más responsable!)

9) My uncle _____ travel to Japan tomorrow
(Mi tío viajará a Japón mañana)

10) _____ you eat chicken yesterday?
(¿Comiste pollo ayer?)

Key: 1.-may; 2.-have to; 3.-would; 4.-could; 5.-does; 6.-must; 7.-can ; 8.-should; 9.-will; 10.-did

Unit 28

Expressions
Expresiones

Expressions	Expresiones
All right	Está bien
Come in	Pase
Come here, please	Venga por aquí, por favor
Don't worry!	¡No te preocupes!
For example	Por ejemplo
Good luck!	¡Buena suerte!
Great idea!	¡Excelente idea!
Have a nice day!	¡Qué tenga un buen día!
Help yourself!	¡Sírvete algo!
Here you are	Aquí tienes
Hurry up!	Apúrate
I agree	Estoy de acuerdo
I disagree	No estoy de acuerdo
I don't care	No me importa
I don't know	No lo sé
I'm coming!	¡Ya voy!
I'm afraid...	Me temo que ...

Las palabras subrayadas corresponden al glosario de palabras de los videos online

Expressions	Expresiones
It's a deal!	¡Trato hecho!
Keep well!	¡Qué sigas bien!

Expressions	Expresiones
Let me think	Déjame pensar
Let's go!	¡Vamos!
Right now	En este momento
Sounds good!	Suena bien

Expressions	Expresiones
Sure	Seguro
Take a seat	Tome asiento
Take care!	¡Cuídate!

Dialogue

W: **Steve! Come here!**
M: **What happened?**

W: **My computer doesn't turn on**
M: **Don't worry.**
Did you check the plug?

W: **Yes, I did**
M: **Let me think.**
Let's call your friend Bob.
He's a computer technician

W: **Great idea!**

Diálogo

W: ¡Steve! ¡Ven aquí!
M: ¿Qué pasó?

W: Mi computadora no enciende
M: No te preocupes.
¿Revisaste el enchufe?

W: Sí, lo hice
M: Déjame pensar.
Vamos a llamar a tu amigo Bob.
El es técnico de computadoras

W: ¡Excelente idea!

Ejercicios

Lee y estudia nuevamente las expresiones de esta unidad y luego, traduce las siguientes frases:

1) ¡Ven aquí, por favor!

_____

2) ¡Qué tengas un buen día!

_____

3) Estoy de acuerdo

_____

4) ¡Trato hecho!

_____

5) ¡Cuídate!

_____

8) Por ejemplo

_____

6) Aquí tiene

_____

9) ¡Buena suerte!

_____

7) ¡No te preocupes!

_____

10) ¡Excelente idea!

_____

Key: 1.-Come here, please!; 2.-Have a nice day!; 3.-I agree!; 4.-It's a deal!; 5.-Take care!; 6.-Here you are!; 7.-Don't worry!; 8.-For example; 9.-Good luck!; 10.-Great idea!

Unit 29

The Family
La Familia

The Family	La Familia
Father	Padre
Mother	Madre
Son	Hijo
Daughter	Hija
Brother	Hermano
Sister	Hermana
Grandfather	Abuelo
Grandmother	Abuela
Uncle	Tío
Aunt	Tía
Cousin	Primo/a
Nephew	Sobrino
Niece	Sobrina
Husband	Esposo
Wife	Esposa
Boyfriend	Novio
Girlfriend	Novia

Las palabras subrayadas corresponden al glosario de palabras de los videos online

The Family — La Familia

The Family	La Familia
In-laws	Parientes políticos
Father in-law	Suegro
Mother in-law	Suegra

The Family	La Familia
Brother in-law	Cuñado
Sister in-law	Cuñada
Step father	Padrastro
Step mother	Madrastra

The Family	La Familia
Step brother	Hermanastro
Step sister	Hermanastra
Who is he?	¿Quién es él?
He is my brother	El es mi hermano

Dialogue

W: **Hello Jack**
M: **Hi Helen. How are you doing?**
W: **Fine, thanks**

M: **Let me show you the pictures of my family**

M: **This is my father, that is my mother, this is my brother Tom, ...and that is my sister Rachel**

W: **You have a beautiful family**
M: **Thanks Helen**
W: **Well, see you later**
M: **O.K. See you**

Diálogo

W: Hola Jack
M: Hola Helen. ¿Cómo estás?
W: Bien, gracias

M: Déjame mostrarte las fotos de mi familia

M: Este es mi padre, esa es mi madre, este es mi hermano Tom ... y esa es mi hermana Rachel

W: Tienes una bonita familia
M: Gracias Helen
W: Bueno, nos vemos más tarde
M: Listo, nos vemos

Ejercicios

¿Quiénes son? Escribe la palabra adecuada, relacionada con los miembros de la familia:

1) Este es mi padre
This is my
_____

2) Este es mi hermano
This is my_____

3) Ella es mi tía
She is my _____

4) Tom es mi primo
Tom is my_____

5) James es mi abuelo
James is my _____

6) Alexandra es mi hija
Alexandra is my _____

7) Joe es mi tío
Joe is my_____

8) Carol es mi suegra
Carol is my _____

9) Cameron es mi sobrino
Cameron is my _____

10) Rita es mi abuela
Rita is my
_____

11) Emilee es mi sobrina
Emilee is my
_____

Key: 1.-father; 2.-brother; 3.-aunt; 4.-cousin; 5.-grandfather; 6.-daughter; 7.-uncle; 8.-mother in-law; 9.-nephew; 10.- grandmother; 11.- niece

Unit 30

The House
La Casa

The House	La Casa
<u>Living room</u>	Sala
<u>Door</u>	Puerta
<u>Window</u>	Ventana
<u>Sofa</u>	Sofá
<u>Lamp</u>	Lámpara
<u>Dining room</u>	Comedor
<u>Table</u>	Mesa
<u>Chair</u>	Silla
<u>Kitchen</u>	Cocina
<u>Stove</u>	Estufa
Oven	Horno
<u>Fridge</u>	Refrigeradora
Microwave	Horno microondas
<u>Bedroom</u>	Dormitorio
<u>Bed</u>	Cama
Nightstand	Mesa de noche
Vanity	Tocador

Las palabras subrayadas corresponden al glosario de palabras de los videos online

The House	La Casa
Chest of drawers	Cómoda
Closet	Closet
<u>Bathroom</u>	Baño
<u>Mirror</u>	Espejo
<u>Sink</u>	Lavabo
Toilet	Inodoro
<u>Bathtub</u>	Tina
Laundry room	Lavandería
<u>Driveway</u>	Entrada de autos
Where is the living room?	¿Dónde está la sala?
The door is big	La puerta es grande
The stove is small	La estufa es pequeña
The kitchen is beautiful	La cocina es bonita

Dialogue	Diálogo

W: <u>Look at this house</u>! M: <u>Oh! It's a big house</u>	W: ¡Mira esta casa! M: ¡Ah! Esta casa es grande

W: <u>This is the living room</u> M: <u>I like it</u> W: <u>And that is the dining room</u> M: <u>I think it is beautiful</u>	W: Esta es la sala M: Me gusta W: Y este es el comedor M: Creo que es hermoso

W: <u>There are three bedrooms and two bathrooms in this house</u>	W: Hay tres cuartos y dos baños en esta casa

M: <u>Wow! It's really nice</u>	M: ¡Ah! Es realmente bonita

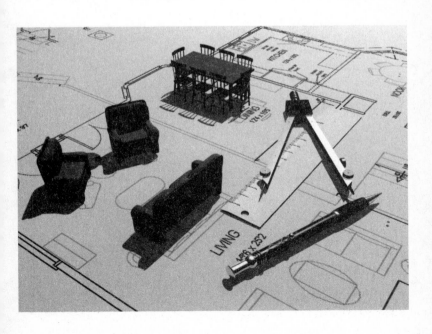

Ejercicios

Marca la respuesta correcta indicando cómo dirías en inglés las siguientes palabras:

1) El dormitorio:
    a. the bathroom
    b. the kitchen
    c. the bedroom

2) El comedor:
    a. the dining room
    b. the living room
    c. the stove

3) La sala:
    a. the driveway
    b. the window
    c. the living room

4) La cocina:
    a. the toilet
    b. the kitchen
    c. the oven

5) El espejo:
    a. the chair
    b. the nightstand
    c. the mirror

6) La mesa:
    a. the table
    b. the door
    c. the bed

7) La puerta:
    a. the sink
    b. the lamp
    c. the door

8) El lavabo:
    a. the fridge
    b. the sink
    c. the oven

9) El tocador:
    a. the vanity
    b. the nightstand
    c. the chest of drawers

10) La ventana:
    a. the window
    b. the door
    c. the bathtub

Key: 1.-c; 2.-a; 3.-c; 4.-b; 5.-c; 6.-a; 7.-c; 8.-b; 9.-a; 10.-a

Unit 31

The City
La Ciudad

The City	La Ciudad
Block	Cuadra
Building	Edificio
Church	Iglesia

The City	La Ciudad
Movie theater	Cine
Museum	Museo
Park	Parque

The City	La Ciudad
Drugstore	Farmacia
Restaurant	Restaurante
Shopping center	Centro comercial

The City	La Ciudad
Store	Tienda
Street	Calle
Supermarket	Supermercado

Las palabras subrayadas corresponden al glosario de palabras de los videos online

Ejercicios

Traduce las siguientes palabras al inglés:

1) Cine

_____

2) Cuadra

_____

3) Iglesia

_____

4) Tienda

_____

5) Calle

_____

6) Edificio

_____

7) Restaurante

_____

8) Museo

_____

9) Farmacia

_____

10) Parque

_____

Key: 1.-movie theater; 2.-block; 3.-church; 4.-store; 5.-street; 6.-building; 7.-restaurant; 8.-museum; 9.-drugstore; 10.-park

Unit 32

At the Supermarket
En el Supermercado

At the Supermarket	En el Supermercado
The food	Alimentos
The fruits	Frutas
Apple	Manzana
Banana	Banana
Cherry	Cereza
Grapes	Uvas
Orange	Naranja
Strawberry	Fresa
The vegetables	Vegetales
Beans	Frijoles
Carrot	Zanahoria
Cauliflower	Coliflor
Lettuce	Lechuga
Onion	Cebolla
Pepper	Pimiento
Potato	Papa
Tomato	Tomate

Las palabras subrayadas corresponden al glosario de palabras de los videos online

At the Supermarket	En el Supermercado
The meats **Beef**	Las carnes Carne de res
Chicken Turkey	Carne de pollo Pavo
Ham **Pork**	Jamón Carne de cerdo
The dairy products Butter	Los productos lácteos Mantequilla
Cheese **Milk**	Queso Leche
Yogurt Jam	Yogur Mermelada
Bread **Eggs**	Pan Huevos
Fish **Seafood**	Pescado Mariscos
Can Cart	Lata Carrito
Bag **Basket** Bottle	Bolsa Canasta Botella
Cash register Cashier **Customer service** Groceries	Caja registradora El/la cajero/a Servicio al cliente Comestibles

At the Supermarket	En el Supermercado
How many...? **How many oranges do you buy?**	¿Cuántos/as...? ¿Cuántas naranjas compra usted?
How much does it cost? **How much do the bananas cost?**	¿Cuánto cuesta? ¿Cuánto cuestan las bananas?
I want... **I want to buy a bottle of milk**	Yo quiero ... Yo quiero comprar una botella de leche
I would like... **I would like a bag of tomatoes**	Me gustaría... / Quisiera ... Me gustaría una bolsa de tomates
Where is the lettuce? **It's on aisle one**	¿Dónde está la lechuga? Está en el pasillo uno
Where are the cans of vegetables?	¿Dónde están las latas de vegetales?
They are on aisle five	Están en el pasillo cinco

107

Dialogue	Diálogo
W: Hello. What are you doing? **M: I am doing a grocery list**	W: Hola. ¿Qué estás haciendo? M: Estoy haciendo la lista de compras
W: What do you need? **M: I need milk, orange juice, potatoes, lettuce, and eggs**	W: ¿Qué necesitas? M: Necesito leche, jugo de naranja, papas, lechuga y huevos
W: Do you want to go now? **M: Yes, I do**	W: Quieres ir ahora? M: Sí
(At the Supermarket) **M: Good morning.** **I would like one bag of onions and two cans of tomatoes**	(En el Supermercado) M: Buenos días. Quisiera una bolsa de cebollas y dos latas de tomates
W: Is that all? **M: No, I also want one bottle of milk and two pounds of beef**	W: ¿Es todo? M: No. También quiero una botella de leche y dos libras de carne de res
W: The total is twenty-seven dollars	W: El total es veintisiete dólares
M: Here you are **W: Thank you** **M: Thank you. Good bye**	M: Aquí tiene W: Gracias M: Gracias a usted. Adiós

Ejercicios

Has aprendido el vocabulario de la comida. Ahora, traduce las siguientes frases:

1) ¿Cuánto cuesta la botella de leche?

_____

_____

2) ¿Dónde están los vegetales?

_____

_____

3) Me gustan las uvas

_____

_____

4) No me gusta las manzanas

_____

_____

5) ¿Deseas mermelada?

_____

_____

6) Necesito pan y jamón

_____

_____

7) Quiero una coliflor

_____

_____

8) ¿Dónde están las zanahorias?

_____

_____

9) ¿Tiene una bolsa de pimientos?

_____

_____

10) La caja registradora está a la derecha

_____

_____

Key: 1.-How much does the bottle of milk cost?; 2.-Where are the vegetables?; 3.-I like grapes; 4.-I don't like apples; 5.-Would you like some jam?; 6.-I need bread and ham; 7.-I want one cauliflower; 8.-Where are the carrots?; 9.-Do you have a bag of peppers?; 10.-The cash register is on the right

Unit 33

At the Restaurant
En el Restaurante

At the Restaurant	En el Restaurant
Waiter / waitress	Mesero/a
Breakfast	Desayuno
Lunch	Almuerzo
Dinner	Cena

To eat	Comer
To drink	Beber
To eat breakfast	Desayunar
The menu	La carta

Appetizer	Plato de entrada
Salad	Ensalada
Soup	Sopa

Main course	Plato principal
Pasta	Pasta
Rice	Arroz
French fries	Papas fritas

Mashed potatoes	Puré de papas
Baked potatoes	Papas al horno

Las palabras subrayadas corresponden al glosario de palabras de los videos online

At the Restaurant — En el Restaurante

At the Restaurant	En el Restaurante
Barbecue	Barbacoa, parrillada
Fried chicken	Pollo frito
Steak	Bistec
Dessert	Postre
Beverages	Bebidas
Coffee	Café
Tea	Té
Soda	Bebida gaseosa
Lemonade	Limonada
Orange juice	Jugo de naranja
Alcoholic drinks	Bebidas alcohólicas
Beer	Cerveza
Wine	Vino
Check	Cuenta
Tip	Propina
How may I help you?	¿Cómo le puedo ayudar?
What would you like to order?	¿Que desearía ordenar?
May I have the menu, please?	¿Me puede dar la carta por favor?
Could I get more water, please?	¿Me podría traer más agua, por favor?
My order is wrong	Mi pedido está equivocado
The service here is wonderful!	¡El servicio de aquí es excelente!
The food is delicious!	¡La comida está deliciosa!
The check, please	La cuenta, por favor
The tip is included	La propina está incluida

Dialogue	Diálogo
W: <u>Good evening. How may I help you?</u>	W: Buenas noches. ¿Cómo puedo ayudarles?
M: <u>We need a table for two</u> W: <u>One moment, please…</u> <u>Follow me</u> M: <u>Thank you</u>	M: Necesitamos una mesa para dos W: Un momento, por favor. Síganme M: Gracias
W: <u>What would you like to order?</u> M: <u>May I have the menu, please?</u>	W: ¿Qué desean ordenar? M: ¿Me puede dar la carta por favor?
W: <u>Yes, of course</u> M: <u>I would like a chicken soup and a steak with mashed potatoes</u>	W: Sí, por supuesto M: Quisiera una sopa de pollo y un bistec con puré de papas
W: <u>And to drink?</u> M: <u>One lemonade please</u> W: <u>OK…</u>	W: ¿Y para beber? M: Una limonada por favor W: Listo…
(Later) W: <u>How is everything?</u> M: <u>Great! Thank you</u>	(Más tarde) W: ¿Cómo está todo? M: ¡Fantástico! Gracias
W: <u>Would you like any dessert?</u> M: <u>No, thanks .May I have the check, please?</u> W: <u>Yes, of course</u>	W: ¿Desean algún postre? M: No, gracias. ¿Me puede traer la cuenta, por favor? W: Sí, por supuesto

Ejercicios

Lee el diálogo, las palabras y frases de esta unidad nuevamente e intenta traducir el siguiente diálogo:

1) Buenas tardes ¿Cómo le puedo ayudar?

_____

_____

2) Necesito una mesa

_____

_____

3) Aquí la tiene... ¿Qué desea ordenar?

_____

_____

4) Me gustaría un bistec con papas fritas y ensalada

_____

_____

5) ¿Y para beber?

_____

_____

6) Una soda, por favor

_____

_____

7) ¿Eso es todo?

_____

_____

8) ¿Puede traerme un café, también?

_____

_____

9) Sí, señor

_____

_____

10) Muchas gracias

_____

_____

Key: 1.- Good afternoon, how may I help you?; 2.- I need one table; 3.- Here you are... What would you like to order?; 4.- I would like a steak with French fries and salad; 5.- And to drink?; 6.- One soda, please; 7.- Is that all?; 8.- Could I get a coffee, too?; 9.- Yes, sir; 10.- Thank you very much

Unit 34

At the Office
En la Oficina

The Office	La Oficina
Book	Libro
Calculator	Calculadora
Computer	Computadora
Desk	Escritorio
Fax machine	Máquina de fax
File	Expediente
File cabinet	Archivador
Folder	Carpeta
Keyboard	Teclado
Monitor	Monitor
Mouse	Mouse
Notebook	Cuaderno
Pad	Block
Paper	Papel
Pen	Bolígrafo
Printer	Impresora
Ruler	Regla

Las palabras subrayadas corresponden al glosario de palabras de los videos online

The Office | La Oficina

The Office	La Oficina
Scissors	Tijeras
Screen	Pantalla
Stapler	Engrapadora
Telephone	Teléfono

My computer is broken	Mi computadora está rota
There is no paper in the printer	No hay papel en la impresora
We need to buy more folders	Necesitamos comprar más carpetas
We don't have a copy machine	No tenemos fotocopiadora

Dialogue	Diálogo
W: <u>The copy machine needs paper</u>	W: La fotocopiadora necesita papel
M: <u>Oh! We have to order more paper</u> W: <u>And there are no more folders left</u> M: <u>What else do we need?</u>	M: ¡Ah! Tenemos que comprar más papel W: Y ya no hay más carpetas M: ¿Qué más necesitamos?
W: <u>We need pens, paper clips, note pads, and scissors</u> M: <u>Let's go to the store now!</u>	W: Necesitamos bolígrafos, ganchos para papel, blocs y tijeras M: ¡Vamos a la tienda ahora!

Ejercicios

Ahora, marca la opción correcta indicando cómo dirías en inglés las siguientes palabras:

1) Bolígrafo:
   - a. book
   - b. printer
   - c. pen

2) Computadora:
   - a. calculator
   - b. computer
   - c. screen

3) Impresora:
   - a. printer
   - b. pad
   - c. paper

4) Teléfono:
   - a. monitor
   - b. telephone
   - c. stapler

5) Bloc:
   - a. notebook
   - b. book
   - c. pad

6) Pantalla:
   - a. screen
   - b. monitor
   - c. keyboard

7) Engrapadora:
   - a. pad
   - b. stapler
   - c. file

8) Archivador:
   - a. desk
   - b. folder
   - c. file cabinet

9) Calculadora:
   - a. keyboard
   - b. calculator
   - c. monitor

10) Máquina de fax:
   - a. fax machine
   - b. desk
   - c. ruler

Key: 1.-c; 2.-b; 3.-a; 4.-b; 5.-c; 6.-a; 7.-b; 8.-c; 9.-b; 10.-a

Unit 35

Jobs and Positions
Los Trabajos y los Puestos

Jobs and Positions	Los Trabajos y los Puestos
Accountant	Contador / Contadora
Architect	Arquitecto
Artist	Artista
Chef	Chef
Clerk	Empleado / Empleada
Cook	Cocinero / Cocinera
Doctor	Doctor / Doctora
Engineer	Ingeniero
Gardener	Jardinero
Graphic designer	Diseñador gráfico / Diseñadora gráfica
Lawyer	Abogado
Nurse	Enfermero / Enfermera
Physician	Médico
Salesperson	Vendedor / Vendedora
Secretary	Secretaria
Security guard	Guardia de seguridad

Las palabras subrayadas corresponden al glosario de palabras de los videos online

Jobs and Positions

Los Trabajos y los Puestos

Taxi driver	Taxista
Teacher	Profesor / Profesora
Technician	Técnico

Tourist guide	Guía de turismo
Travel agent	Agente de viajes

Ejercicios

Completa los espacios en blanco:

1) She is an

_____

(Ella es contadora)

2) Bob is a

_____

(cocinero)

3) Lisa is a

_____

(guía de turismo)

4) My son is a

_____

(técnico)

5) Your niece is an

_____

(ingeniera)

6) Arnold is a

_____

(abogado)

7) Paula is a

_____

(profesora)

8) Karl is a

_____

(doctor)

9) Ann is a

_____

(enfermera)?

10) Angela is a

_____

(secretaria)

Key: 1.-accountant; 2.-cook; 3.-tourist guide; 4.-technician; 5.-engineer; 6.-lawyer; 7.-teacher; 8.-doctor; 9.-nurse; 10.-secretary

Unit 36

The Job Interview
La Entrevista de Trabajo

Job Interview	La Entrevista de Trabajo
Apply for a job	Solicitar trabajo
Duty	Tarea
Experience	Experiencia

First name	Nombre
Last name	Apellido
Full time job	Trabajo de tiempo completo
Part time job	Trabajo de medio tiempo

Résumé	Currículum vitae
Skill	Habilidad
Work	Trabajar / El trabajo

Las palabras subrayadas corresponden al glosario de palabras de los videos online

121

Dialogue

W: Good morning. I would like to apply for a job

M: For what position?
W: Cook
M: Yes, we have that position available.

Do you have experience?
W: Yes, I do. I worked as a cook before, for two years

M: Please fill out this form. Write your first and last name here. Then write your skills and sign at the end

W: Let me give you my résumé

M: Excellent!

Diálogo

W: Buenos días. Me gustaría solicitar trabajo

M: ¿Para qué puesto?
W: Cocinero
M: Sí, tenemos ese puesto disponible.

¿Tiene usted experiencia?
W: Sí. Trabajé como cocinero antes, durante dos años

M: Por favor, llene este formulario. Escriba su nombre y apellido aquí. Luego, escriba sus habilidades y firme al final

W: Permítame darle mi currículum vitae
M: ¡Excelente!

Ejercicios

Responde las siguientes preguntas:

1) ¿Cómo dirías en inglés "Me gustaría solicitar trabajo"?
_____
_____

6) ¿Cómo dirías en inglés "Trabajé como técnico antes"?
_____
_____

2) ¿Cómo dirías en inglés "Tenemos ese puesto disponible"?
_____
_____

7) ¿Cómo dirías en inglés "¿Tienes experiencia?"?
_____
_____

3) ¿Cómo dirías en inglés "Por favor, llene este formulario"?
_____
_____

8) ¿Cómo dirías en inglés "Firme aquí, por favor"?
_____
_____

4) ¿Cómo dirías en inglés "Escriba su nombre y apellido aquí"?
_____
_____

9) ¿Cómo dirías en inglés "Escriba sus habilidades aquí"?
_____
_____

5) ¿Cómo dirías en inglés "Permítame darle mi currículum vitae"?
_____
_____

10) ¿Cómo dirías en inglés "Trabajo de medio tiempo"?
_____
_____

Key: 1.- I would like to apply for a job; 2.- We have that position available; 3.- Fill out this form, please; 4.- Write your first name and last name here; 5.- Let me give you my résumé; 6.- I worked as a technician before; 7.- Do you have experience?; 8.- Sign here, please; 9.- Write your skills here; 10.- Part time job.

Unit 37

The Transportation
Los Medios de Transporte

The Transportation	Los Medios de Transporte
Airplane	Avión
Bicycle	Bicicleta
Bus	Autobús
Car	Automóvil
Helicopter	Helicóptero
Subway / Metro	Metro
Motorcycle	Motocicleta
Train	Tren
Truck	Camión

Las palabras subrayadas corresponden al glosario de palabras de los videos online

Ejercicios

Después de haber estudiado esta unidad, completa los espacios:

1) I travel by _____
   next week
   (Viajo en avión la próxima
   semana)

2) That _____
   is fast
   (Ese helicóptero es rápido)

3) Carol waits for the_____
   (Carol espera el tren)

4) My _____ is
   broken
   (My bicicleta está dañada)

5) The _____ is
   at the corner
   (El camión está en la esquina)

6) I have a _____
   (Yo tengo un automóvil)

7) Gerome drives a_____
   (Gerome maneja un autobús)

8) I take the _____
   everyday
   (Tomo el metro todos los días)

9) The _____
   needs oil
   (La motocicleta necesita aceite)

10) When is the _____
    coming?
    (¿Cuándo llega el tren?)

Key: 1.-airplane; 2.-helicopter; 3.-train; 4.-bicycle; 5.-truck; 6.-car; 7.-bus ; 8.- metro o subway; 9.-motorcycle; 10.-train

Unit 38

The Traffic
El Tráfico

The Traffic	El Tráfico
<u>Bus stop</u> <u>Crosswalk</u> <u>Freeway, highway</u>	Parada del autobús Cruce peatonal Autopista
<u>Gas station</u> <u>Intersection</u> <u>Lane</u>	Estación de gasolina Cruce de calles Carril (de una autopista)
No outlet <u>One way</u> <u>Pedestrian</u>	Camino sin salida Un solo sentido Peatón
<u>Speed</u> Stop sign <u>To get in</u> <u>To get off</u> Toll	Velocidad Señal de pare Subir, entrar Bajar, salir Peaje
<u>Traffic light</u> <u>Train station</u> Two way	El semáforo Estación del tren Doble sentido

Las palabras subrayadas corresponden al glosario de palabras de los videos online

The Traffic	El Tráfico

U-turn	Girar en U
Yield	Ceder el paso

I get in the car	Yo) subo al auto
I get off the car	(Yo) bajo del auto
We wait for the train	(Nosotros) esperamos el tren

Ejercicios

Estudia el vocabulario de esta unidad y luego, escribe las palabras que faltan en las siguientes frases:

1) There is a _____ (estación de gasolina) on the right

2) Where is the _____? (semáforo)

3) There is no _____ (cruce de calles) here

4) Look at the _____ (ceda el paso) sign!

5) I have to go to the _____ (estación del tren)

6) _____ (sube) the car now!

7) There are two _____ (carriles) there

8) The maximum _____ (velocidad) here is fifty miles per hour (50 mph)

9) The _____ (peaje) is straight ahead

10) I see the _____ (girar en U) sign

Key: 1.-gas station; 2.-traffic light; 3.-intersection; 4.-yield; 5.-train station; 6.-get in; 7.-lanes ; 8.-speed ; 9.-toll; 10.-U-turn

Unit 39

The Car
El Automóvil

The Car	El Automóvil
Accelerator	Acelerador
Battery	Batería
Hood	Capot
Brake	Freno
Clutch	Embrague
Engine	Motor
Fender	Parachoques
Gear box	Caja de cambios
Headlight	Luz
Rear view mirror	Espejo retrovisor
Make	Marca
Model	Modelo
Radiator	Radiador
Steering wheel	Timón, volante
Seat	Asiento
Tire	Neumático
Trunk	Maletera

Las palabras subrayadas corresponden al glosario de palabras de los videos online

The Car	El Automóvil
Wheel	Rueda
Windshield	Parabrisas
Windshield wipers	Limpiaparabrisas
The car is broken	El auto está roto
I have a flat tire	Tengo un neumático bajo
I need a new battery	Necesito una batería nueva
What year is the car?	¿De qué año es el auto?
What make is the car?	¿Qué marca es el auto?
What model is the car?	¿Qué modelo es el auto?
How many miles does the car have?	¿Cuántas millas tiene el auto?

Ejercicios

Traduce las siguientes palabras al inglés:

1) Frenos
_____

6) Neumáticos
_____

2) Motor
_____

7) Asientos
_____

3) Caja de cambios
_____

8) Millas
_____

4) Marca
_____

9) Maletera
_____

5) Batería
_____

10) Radiador
_____

Key: 1.-brakes; 2.-engine; 3.-gear box; 4.-make; 5.-battery; 6.-tires; 7.-seats; 8.-miles; 9.-trunk; 10.-radiator

Unit 40

Phone Conversations
Conversaciones Telefónicas

Phone Conversations	Conversaciones Telefónicas
Call	Llamar
Dial	Discar
Directory	Guía telefónica
Directory Assistance	Directorio telefónico
Extension	Número interno, extensión
Hold on, please	No corte, por favor / Un momento, por favor
I'd like to speak to…	Quisiera hablar con...
I'll put you through	Lo comunicaré
I'll transfer your call	Transferiré su llamada
I'm calling about …	Llamo por …
Just a minute	Espere un minuto
Leave a message	Dejar un mensaje
Let me see...	Déjeme ver...
Phone	Teléfono/ Llamar por teléfono
Phone number	Número de teléfono
Ring	Sonar

Las palabras subrayadas corresponden al glosario de palabras de los videos online

Phone Conversations

Speak	Hablar
Speaking	Soy yo (el que está al habla)
Take a message	Tomar un mensaje

Talk	Hablar
This is...	Soy / Habla …
Who's calling?	¿Quién llama?

Conversaciones Telefónicas

Dialogue

W: **Hello, may I speak to Mr. Ragu?**	W: Hola ¿Puedo hablar con el Sr. Ragu?
M: **Who's calling, please?**	M: ¿Quién llama, por favor?
W: **This is Mrs. Sarandon**	W: Es la Sra. Sarandon
M: **He's not available**	M: El no está disponible
May I take a message?	¿Puedo tomar el mensaje?
W: **No, thanks**	W: No, gracias
I will call him back later	Lo llamaré más tarde

Diálogo

Ejercicios

Con el vocabulario de esta unidad, trata de traducir las siguientes expresiones:

1) Ellos tienen la nueva guía telefónica

   _____

   _____

2) ¿Cuál es el número de información?

   _____

   _____

3) Un momento, por favor

   _____

   _____

4) Quisiera hablar con el Sr. Adams

   _____

   _____

5) Lo comunicaré

   _____

   _____

6) ¿Cuál es su número interno?

   _____

   _____

7) ¿Puedo dejar un mensaje?

   _____

   _____

8) Disque el número telefónico

   _____

   _____

9) Le transferiré su llamada

   _____

   _____

10) ¿Quién llama?

   _____

   _____

Key: 1.-They have the new directory; 2.-What's the number of directory assistance?; 3.-Hold on, please; 4.-I would like to speak with Mr. Adams; 5.-I'll put you through; 6.-What is his extension number; 7.-May I leave a message?; 8.-Dial the telephone number; 9.-I'll transfer you; 10.-Who's calling?

Unit 41

At the Post Office
En el Correo

At the Post Office	En el Correo
Air mail	Correo aéreo
Counter	Mostrador
Envelope	Sobre
Letter	Carta
Mail	Correspondencia
Parcel	Paquete
Postcard	Tarjeta postal
Postman, mailman	Cartero
Stamp	Estampilla
To send	Enviar
To deliver	Entregar
Delivery	Entrega
To pick up	Recoger
Address	Dirección
I want to send a letter	Quiero enviar una carta
I would like to pick up a parcel	Me gustaría recoger un paquete
How much do the stamps cost?	¿Cuánto cuestan las estampillas?
Do you sell postcards?	¿Venden (ustedes) tarjetas postales?

Las palabras subrayadas corresponden al glosario de palabras de los videos online

Dialogue	Diálogo
W: **How may I assist you today?** M: **I want to buy twenty-two stamps and one box of envelopes**	W: ¿Cómo le puedo atender hoy? M: Quiero comprar veintidós estampillas y una caja de sobres
W: **Anything else?** M: **Yes, I would like to send a parcel**	W: ¿Algo más? M: Sí. Quisiera enviar un paquete
W: **Where to?** M: **To Belgium**	W: ¿A dónde? M: A Bélgica
W: **Your total is twenty-nine (29) dollars and five (5) cents**	W: Su total es veintinueve dólares con cinco centavos

Ejercicios

Relaciona los números con las letras:

1) Cartero

a. Anything else?

2) ¿Cuál es su dirección?

b. Stamps

3) Quisiera enviar una a Colombia

c. How much do the postcards cost?

4) Estampillas

d. Do you sell envelopes?

5) Necesito enviar un paquete

e. Mailman

6) ¿Cuánto cuestan las tarjetas postales?

f. Your total is five dollars

7) Quisiera recoger una carta

g. I need to send a package

8) ¿Algo más?

h. What is your address?

9) ¿Venden sobres?

i. I would like to pick up a letter

10) Su total es cinco dólares

J. I would like to send a letter to Colombia

Key: 1.-e; 2.-h; 3.-j; 4.-b; 5.-g; 6.-c; 7.-i; 8.-a; 9.-d; 10.-f

Unit 42

At the Bank
En el Banco

At the Bank	En el Banco
Account	Cuenta
ATM	Cajero automático
Bank statement	Resumen bancario
Bank teller	Cajero/a
Cash	Dinero en efectivo

At the Bank	En el Banco
Checkbook	Chequera
Checking account	Cuenta corriente
Credit card	Tarjeta de crédito
Debit card	Tarjeta de débito
Deposit slip	Ficha de depósito

At the Bank	En el Banco
Savings account	Cuenta de ahorros
To deposit	Depositar
To save	Ahorrar
To transfer	Transferir

At the Bank	En el Banco
To withdraw	Retirar
Transactions	Transacciones
Withdrawal slip	Ficha de retiro

Las palabras subrayadas corresponden al glosario de palabras de los videos online

At the Bank | En el Banco

At the Bank	En el Banco
I want to make a deposit	Quiero hacer un depósito
<u>**Do you have a savings account?**</u>	¿Tiene usted una cuenta de ahorros?
<u>**I have a checking account**</u>	Tengo una cuenta corriente

What is your credit card number?	¿Cuál es el número de su tarjeta de crédito?
<u>**I don't have an ATM card**</u>	No tengo tarjeta de cajero automático
Where are the deposit slips?	¿Dónde están las fichas de depósito?

Dialogue

Diálogo

Dialogue	Diálogo
W: Where are the deposit slips? M: On your right, behind that desk	W: ¿Dónde están las fichas de depósito? M: A su derecha, detrás del escritorio
W: I want to make a deposit M: For how much? W: Five hundred dollars	W: Quiero hacer un depósito M: ¿Por cuánto? W: Quinientos dólares
M: Do you have a savings account here? W: Yes, I do	M: ¿Tiene usted una cuenta de ahorros aquí? W: Sí
M: Write your account number here and sign right here, please W: All right	M: Escriba su número de cuenta acá y firme aquí, por favor W: De acuerdo
M: Anything else? W: Yes, I want to pay my credit card statement	M: ¿Algo más? W: Sí, deseo pagar la cuenta de mi tarjeta de crédito
M: OK. Fill out this form and sign here, please W: Thank you very much	M: Listo. Llene este formulario y firme aquí, por favor W: Muchas gracias
M: Have a nice day! W: Same to you, thank you	M: ¡Qué tenga un buen día! W: Lo mismo para usted, gracias

Ejercicios

Completa los espacios escribiendo la palabra o palabras del paréntesis en inglés:

1) The _____ (cajero automático) is there

2) Do you have a_____ (chequera)?

3) I would like to _____ (hacer un depósito)

4) How many _____ (transacciones) do I have this month?

5) What is your _____ (número de tarjeta de crédito)?

6) Where are the _____ (fichas de retiro)?

7) I have a _____ (tarjeta de débito)

8) Who is the _____ (cajero)?

9) Write your _____ (número de cuenta) here

10) I have a _____ (cuenta corriente)

Key: 1.-ATM; 2.-checkbook; 3.-make a deposit; 4.-transactions; 5.-credit card number; 6.-withdrawal slips; 7.-debit card; 8.-bank teller; 9.-account number; 10.-checking account

Unit 43

At the Airport
En el Aeropuerto

At the Airport	En el Aeropuerto
Arrival	Llegada
Concourse	Ala (de una gran construcción)
Customs	Aduana
Departure	Partida
Destination	Destino

Entrance	Entrada
Exit	Salida
First class	Primera clase
Flight	Vuelo
Gate	Puerta

Immigrations office	Oficina de inmigraciones
Luggage	Equipaje
Passport	Pasaporte
Restrooms	Baños

Suitcase	Maleta
To arrive	Llegar
To depart	Partir

Las palabras subrayadas corresponden al glosario de palabras de los videos online

At the Airport | En el Aeropuerto

To travel	Viajar
Trip	Viaje
Where are you traveling?	¿A dónde viaja?
May I have your ticket, please?	¿Puede darme su boleto, por favor?
I need you passport, please	Necesito su pasaporte, por favor

My flight number is …	Mi número de vuelo es …
Where is gate number …?	¿Dónde está la puerta número … ?
The flight is delayed	El vuelo está retrasado
The flight is on time	El vuelo está a tiempo

Dialogue

Diálogo

W: Excuse me. I would like to know if the flight number three hundred and eighty-six (386) is on time M: Let me check, please	W: Disculpe. Me gustaría saber si el vuelo número trescientos ochenta y seis está a tiempo M: Permítame verificar, por favor
(After a few seconds) W: No, your flight is delayed M: For how long? W: For thirty-five (35) minutes	(Después de pocos segundos) W: No, su vuelo está retrasado M: ¿Por cuánto tiempo? W: Por treinta y cinco minutos
M: It's not too bad. May I check in? W: Yes. Please give me your ID	M: No es tan malo. ¿Me puedo registrar? W: Sí. Por favor, deme su identificación
M: Here you are W: OK. You have to go to gate A-4 (four). Go straight ahead and to the left	M: Aquí tiene W: Listo. Usted tiene que ir a la puerta A-4 (cuatro). Está adelante, a la izquierda
M: Thank you W: You're welcome	M: Gracias W: No hay de qué

Ejercicios

Repasa el vocabulario del aeropuerto y traduce las siguientes expresiones:

1) Su vuelo está retrasado

_____

_____

2) Tiene que ir a la puerta C-22

_____

_____

3) ¿Cuál es su número de vuelo?

_____

_____

4) ¿Me puedo registrar aquí?

_____

_____

5) ¿Dónde está la puerta B-15?

_____

_____

6) Siga derecho y, luego, doble a la derecha

_____

_____

7) ¿A qué hora es la llegada del vuelo 547?

_____

_____

8) ¿Dónde está mi equipaje?

_____

_____

9) Permítame su pasaporte, por favor

_____

_____

10) Ese vuelo está a tiempo

_____

_____

Key: 1.-Your flight is delayed.; 2.-You have to go to gate C-22; 3.-What is your flight number?; 4.-May I register here?; 5.-Where is gate B-15; 6.-Go straight ahead, and then turn right; 7.-What time is the arrival of flight 547?; 8.-Where is my luggage?; 9.-Let me have your passport, please; 10.-That flight is on time

Unit 44

At the Hotel
En el Hotel

At the Hotel	En el Hotel
Double room	Habitación con dos camas
Single room	Habitación con una cama
Bell desk	Conserjería
Bellman	Botones
Elevator	Ascensor, elevador
Reception	Recepción
Receptionist	Recepcionista
Reservation	Reserva / reservación
Stairway	Escaleras
Swimming pool	Piscina
Tours desk	Mostrador de viajes organizados
Valet parking	Servicio de estacionamiento de autos
To check-in	Registrarse
To check-out	Pagar la cuenta del hotel
I would like to make a reservation	Me gustaría hacer una reserva
I want a single room	Quiero una habitación con una cama
I would like to check-in	Me gustaría registrarme

Las palabras subrayadas corresponden al glosario de palabras de los videos online

Dialogue	Diálogo
W: <u>Hello. I have a reservation for today</u> M: <u>Do you have your confirmation number?</u>	W: Hola. Tengo una reserva para hoy M: ¿Tiene su número de confirmación?
W: <u>Yes, I do. Here you are</u> M: <u>You have a reservation of one single room with bathroom</u>	W: Sí. Aquí está M: Usted tiene una reserva de una habitación con una cama y un baño
W: <u>May I upgrade the room to a suite?</u> M: <u>I am afraid we can't</u>	W: ¿Podría cambiar la habitación por una suite? M: Me temo que no podemos
W: <u>Why?</u> M: <u>We are sold out. I'm sorry</u>	W: ¿Por qué? M: Tenemos todo vendido. Lo siento

Ejercicios

Completa los espacios usando el vocabulario del hotel:

1) I need a
_____
(habitación con dos camas)

2) Where is the _____
(ascensor)?

3) Does the hotel have
_____
(piscina)?

4) I would like to
_____
(registrarme)

5) Who is the
_____
recepcionista)?

6) Call the _____
(botones), please

7) Do you have a _____
(conserjería)?

8) We are _____
(completos, todo vendido)

9) We have a _____
(reservación)

10) When do you _____
(paga la cuenta del hotel)?

Key: 1.-double room; 2.-elevator; 3.-swimming pool; 4.-check-in; 5.-recepctionist; 6.-bellman; 7.-belldesk; 8.-sold out; 9.-reservation; 10.-check-out

Unit 45

The Clothes
La Ropa

The Clothes	La Ropa
Bathing suit	Traje de baño
Belt	Cinturón
Blouse	Blusa
Coat	Abrigo
Dress	Vestido
Gloves	Guantes
Hat	Sombrero
Jacket	Chaqueta
Pants	Pantalones
Purse	Cartera
Shirt	Camisa
Shoes	Zapatos
Shorts	Pantalones cortos
Skirt	Falda
Socks	Medias
Suit	Traje
Suitcase	Maleta

Las palabras subrayadas corresponden al glosario de palabras de los videos online

The Clothes / La Ropa

English	Español
The size	La talla
Small	Pequeño
Medium	Mediano
Large	Grande
Big sizes	Tallas grandes

Ejercicios

Después de haber estudiado esta unidad, completa el siguiente ejercicio:

1) I like those brown _____ (zapatos)

2) How much does this gray _____ (cartera) cost?

3) Would you like that pink _____ (blusa)?

4) I need a pair of black_____ (pantalones)

5) He has a yellow _____ (camisa)

6) That is a beautiful _____ (falda)!

7) Do you have a _____ (chaqueta)?

8) What _____ (talla) are you looking for?

9) Do you have this dress in _____ (grande) size?

10) That is a cute _____ (sombrero)

Key: 1.-shoes; 2.-purse; 3.-blouse; 4.-pants; 5.-shirt; 6.-skirt; 7.-jacket; 8.-size; 9.-large; 10.-hat

Unit 46

At the Shopping Center
En el Centro Comercial

At the Shopping Center	En el Centro Comercial
Department store	Tienda por departamentos
<u>**Ladies**</u>	Damas
<u>**Men**</u>	Caballeros
<u>**Juniors**</u>	Jóvenes
<u>**Kids**</u>	Niños

<u>**Ladies' department**</u>	Sección de damas
<u>**Jewelry**</u>	Joyería
<u>**Fitting room**</u>	Probador
<u>**Elevator**</u>	Ascensor, elevador
<u>**Escalator**</u>	Escalera automática

How may I help you?	¿Cómo le puedo ayudar?
<u>**I'm looking for …**</u>	Estoy buscando …
I'm just looking	Solo estoy mirando
Where is the fitting room?	¿Dónde está el probador?
<u>**It fits well**</u>	Me queda bien

It doesn't fit well	No me queda bien
<u>**May I pay here?**</u>	¿Puedo pagar aquí?
I want to exchange this	Quiero cambiar esto

Las palabras subrayadas corresponden al glosario de palabras de los videos online

At the Shopping Center | En el Centro Comercial

I want to return this	Quiero devolver esto
I like ...	Me gusta/n ...
I like this blouse	Me gusta esta blusa
I don't like ...	No me gusta/n ...
I don't like these pants	No me gustan estos pantalones

Dialogue	Diálogo
W: Hi. How may I help you? **M: I am looking for pants** **W: What color would you like?**	W: Hola. ¿Cómo le puedo ayudar? M: Busco unos pantalones W: ¿De qué color quisiera?
M: I would like them in brown **W: And, what size would you like?** **M: I would like them in medium size**	M: Quisiera en marrón W: ¿Y en qué talla los quisiera? M: Los quisiera en talla mediana
W: Here you are **M: Oh! Thank you.**	W: Aquí los tiene M: ¡Ah! Gracias.
May I try them on? **W: Yes, of course.** **The fitting room is on the left**	¿Me los puedo probar? W: Sí, por supuesto. El probador está a la izquierda

Ejercicios

Practiquemos las palabras y frases que has aprendido en esta unidad respondiendo las siguientes preguntas:

1) ¿Cómo se le llama a la sección damas en inglés?

____

____

2) ¿Cómo se dice en inglés "¿Cómo le puedo ayudar?"?

____

____

3) ¿Cómo dirías en inglés cuando una prenda te queda bien?

____

____

4) ¿Cómo dirías en inglés "Solo estoy mirando?"

____

____

5) ¿Cómo dirías en inglés "No me queda bien?"

____

____

6) Cuando deseas cambiar una prenda dices:

____

____

7) Cuando deseas pagar aquí, dices:

____

____

8) ¿Cómo dirías en inglés "joyería"

____

____

9) ¿Cómo dirías en inglés "el probador"?

____

____

10) Cuando deseas devolver una prenda dices:

____

____

Key: 1.-Ladies' department; 2.-How may I help you?; 3.-It fits me well; 4.-I'm just looking; 5.-It doesn't fit me well; 6.-I want to exchange this...; 7.-May I pay here?; 8.-jewelry; 9.-the fitting room; 10.-I want to return this...

Unit 47

At the Pharmacy
En la Farmacia

At the Pharmacy	En la Farmacia
<u>Antiseptic</u>	Desinfectante
Adhesive bandage	Vendita adhesiva
Antibiotic	Antibiótico
<u>Aspirin</u>	Aspirina
<u>Bandage</u>	Venda

Cold medicine	Medicina para el resfriado
Cough syrup	Jarabe para la tos
<u>Medication</u>	Medicación
Ointment	Pomada

<u>OTC</u> (<u>Over the counter medication</u>)	Medicamentos de venta libre

<u>Painkiller</u>	Calmante
<u>Pills</u>	Pastillas
<u>Prescription</u>	Receta médica
Tablets	Tabletas

Thermometer	Termómetro

Las palabras subrayadas corresponden al glosario de palabras de los videos online

Ejercicios

Completa los espacios usando el vocabulario de la farmacia:

1) I want to buy an _____ (desinfectante)

2) Do you have an _____ (aspirina)?

3) How much does this _____ (pomada) cost?

4) Do you have a _____ (receta médica)?

5) Take this _____ (medicamento)

6) I need to take an _____ (antibiótico)

7) Wear this _____ (venda)

8) Where is the _____ (jarabe para la tos)?

9) You need a _____ (medicamento para el resfriado)

10) Let me take your temperature with this _____ (termómetro)

Key: 1.- antiseptic; 2.- aspirin; 3.- ointment; 4.- prescription; 5.- medication; 6.- antibiotic; 7.- bandage; 8.- cough syrup; 9.- cold medicine; 10.- thermometer

Unit 48

The Parts of the Body
Las Partes del Cuerpo

The Parts of the Body	Las Partes del Cuerpo
Ankle	Tobillo
Arm	Brazo
Back	Espalda
Buttock	Nalga
Calf	Pantorrilla

Chest	Pecho
Elbow	Codo
Feet	Pies
Finger	Dedo de la mano

Foot	Pie
Forearm	Antebrazo
Hand	Mano
Head	Cabeza

Hip	Cadera
Knee	Rodilla
Leg	Pierna
Neck	Cuello
Shoulder	Hombro

Las palabras subrayadas corresponden al glosario de palabras de los videos online

The Parts of the Body

Las Partes del Cuerpo

Stomach	Estómago
Thigh	Muslo
Toe	Dedo del pie
Waist	Cintura
Wrist	Muñeca

Ejercicios

Relaciona los números con las letras:

1) manos	a. foot	
2) dedo de la mano	b. knee	
3) brazos	c. wrist	
4) cuello	d. finger	
5) pie	e. hands	
6) dedo del pie	f. neck	
7) rodilla	g. arms	
8) pies	h. back	
9) espalda	i. toe	
10) muñeca	j. feet	

Key: 1.-e; 2.-d; 3.-g; 4.-f; 5.-a; 6.-i; 7.-b; 8.-j; 9.-h; 10.-c

Unit 49

Health Problems
Problemas de Salud

Health Problems	Problemas de Salud
<u>Backache</u>	Dolor de espalda
Cold	Resfrío
<u>Fever</u>	Fiebre
<u>Hurt</u>	Lastimarse
Indigestion	Indigestión

<u>Injury</u>	Herida
Pain	Dolor
<u>Pulse</u>	Pulso
Sick	Enfermo

Sneeze	stornudo
Sore throat	Dolor de garganta
Toothache	Dolor de muela
<u>I have a headache</u>	Me duele la cabeza

I have a stomachache	Me duele el estómago
I have pain in my knee	Me duele la rodilla
<u>I hurt my hand</u>	Me lastimé la mano
<u>I've got a cold</u>	Tengo un resfrío
My foot hurts	Me duele el pie

Las palabras subrayadas corresponden al glosario de palabras de los videos online

Dialogue | Diálogo

W: <u>Hi, how are you doing?</u>
M: <u>I don't feel well.</u>
<u>I think I've got a cold</u>
W: <u>Do you have pain?</u>

W: Hola, ¿Cómo estás?
M: No me siento bien. Creo que tengo un resfrío
W: ¿Tienes dolor?

M: <u>Yes, I do. I have a</u>
<u>headache and sneeze a lot</u>
W: <u>I believe you have fever.</u>
<u>Take this cold medicine</u>

M: Sí. Tengo dolor de cabeza y estornudo mucho
W: Creo que tienes fiebre. Toma esta medicina para el resfrío

M: <u>I hope it helps me</u>

M: Espero que esto me ayude

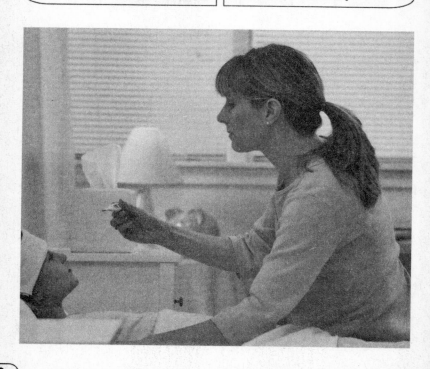

Ejercicios

Después de haber leído y estudiado esta unidad, traduce el siguiente diálogo:

1) Buenas días Betty ¿Cómo estás?

_____

_____

2) Buenos días doctor. No me siento bien. Me duele el estómago y me duele la cabeza, también

_____

_____

3) Tienes fiebre!

_____

_____

4) Me siento muy enferma

_____

_____

5) Espera un momento

_____

_____

6) Sí, doctor

_____

_____

7) Betty, tienes una indigestión. Toma esta receta

_____

_____

8) ¿Dónde puedo comprar estos medicamentos?

_____

_____

9) En cualquier farmacia

_____

_____

10) Muchas gracias, doctor

_____

_____

Key: 1.-Good morning Betty, how are you doing?; 2.-Good morning doctor. I don't feel well. I have a stomachache and a headache, too; 3.-You have fever!; 4.-I feel very sick; 5.-Wait a moment; 6.-Yes, doctor; 7.-Betty, you have an indigestion. Take this prescription; 8.-Where can I buy this medication?; 9.-At any pharmacy; 10.-Thank you very much, doctor

Unit 50

The Animals
Los Animales

The Animals	Los Animales
Bear	Oso
Bird	Pájaro
Cat	Gato
Chicken	Pollo
Cow	Vaca
Dog	Perro
Duck	Pato
Elephant	Elefante
Fish	Pez
Horse	Caballo
Lizard	Lagartija
Lion	León
Monkey	Mono
Mouse	Ratón
Rat	Rata
Tiger	Tigre

Las palabras subrayadas corresponden al glosario de palabras de los videos online

Ejercicios

Completa los espacios con el vocabulario aprendido en esta unidad:

1) There are many _____ (perros) in that house

2) Do you see a _____ (oso)?

3) The _____ (gato) is at the door

4) That is a big _____ (elefante)

5) There is a _____ (ratón) in the kitchen

6) The _____ (pájaros) are on the tree

7) The _____ (pollo) is outside

8) My _____ (mono) likes to play in the garden

9) The _____ (tigre) is fast

10) The _____ (lagartija) is on the chair

Key: 1.-dogs; 2.- bear; 3.-cat; 4.-elephant; 5.-mouse; 6.-birds; 7.-chicken ; 8.- monkey; 9.-tiger; 10.-lizard